ニューヨーク発
毎日1分であなた本来の美しさを磨く

Moon Therapy

自分を最優先にする肌と心の整え方

国際女性セルフケア協会代表理事
NY州認定エステティシャン
CHIKA

青春出版社

はじめに　…からだの声に耳を澄ましてみませんか

はじめまして、エグゼクティブ・ビューティ・ディレクターのＣＨＩ《チ》ＫＡ《カ》です。

これまでアメリカ・ニューヨークと東京をメインに、20か国以上、1万人強の女性のお肌と人生に向き合ってきました。私は米国一の歴史を誇るエステティックスクール「Christine Valmy《クリスティン・バルミー》」を卒業後、ＮＹ《ニューヨーク》州認定エステティックライセンスを取得し、ニューヨークには7年半ほど住んでいました。

世界トップクラスのセレブだらけの街のサロンで、本当にたくさんの「美」にこだわりを持つ方々と接してきました。

ニューヨークでのニックネームは、「ミス・パーフェクト」。一人ひとりのお肌と真剣に向き合い、サロンでのリピート率が80％を超えた頃から、そう呼ばれるようになりました。現在は東京・神宮前と宮城県仙台市でエステサロン経営と、化粧品販売・卸業の事業を行っており、世界に向けて自然環境と子宮により優しい化粧品開発を始動させています。

多種多様な人々が生活するニューヨークでのサロン経験のみならず、東京でも五つ星ホテル内でのセラピスト経験や、自分のサロンでの様々な国出身の方々との出会い、そしてもちろん、それぞれの場所での多くの日本人女性の方々のお肌に触れるセラピストをメインとして活動してきました。そして、あるとき、共通する「とても重要なこと」に気づきました。

その重要な気づきを得たきっかけは、皮肉にも自分自身の経験からでした。ある日受けた婦人科の検診で異常が発見されたのです。幸いにも早めに気づけたことで大事には至りませんでしたが、とてもショックでした。

自分の夢のために感情も無視して気力でなんとか乗り越えて頑張りすぎた結果だったのかもしれません。でも、こういうことでもなければ、私はきっと立ち止まれなかったとも思います。

お肌をどれだけ綺麗に磨いても、メイクでどれだけ美しくできても、どうしても得られない「本質的な美しさ」があります。その「秘密」とも言えるべき「キー」が、実は「子宮」にあるのだと気づきました。そこには「臓器」としての役割だけではなく、それ以上の「女性として生きていく」上で決して無視のできない重要なファクターがあったのです。子宮には技術や最先端美容成分ではたどり着けない「本当の意味での美しさ」を得られるパワーが宿っていました。

「昔の自信があったころの自分に戻りたい」「自然なエイジングケアでまわりからうらやましがられるような美しさを手に入れたい」「年齢を重ねても衰えない自分でありたい」などなど、私のサロンにはいろいろな方がいらっしゃいます。

そこで、ニューヨークと日本で20年近く、国籍も肌の色も違う多様な女性と向き合う中で、「子宮」にフォーカスすることで、子宮力と女性力を同時にあげる「ムーンセラピー」を考案したのです。「お肌だけじゃなく、心も穏やかになれる」「自分の正直な気持ちに気づけるようになった」「アンチエイジング効果が高い」など、外見と内面の同時ケアは多くのお客様から喜びの声をいただきました。それをできるだけ多くの人が自分で実践できるように、本書ではセルフケア・メソッドとしてまとめました。

女性は特に自分を後回しにしがちな方が多いのです。仕事、パートナーとの関係、家庭や育児など、多くのやるべきことの中で自分を最優先できずにいるのです。そういう方に、ぜひ自分だけの時間を持ち、セルフケアで大切にしてほしい……心からそう思います。

「セルフケア」がどれだけ大切なのか、実体験で痛感したからこそ、そして、これまで多くの方のお顔がムーンセラピーで、美しい方向へ変化している結果を見て深く実感しているからこそ、多くの方にもこのセルフケアの重要性を知ってほしい。しかもそれが、誰でも得られるのなら、できるだけ必要としている人たちに伝えたい！　そう思い、今回本を書かせていただく運びとなりました。

自分を大切にするのかしないのか、美しくなろうとするのか諦めるのか……人生は選択の連続です。セルフケアすると決めるのも自分、人生をどう生きるのか、自分の何と向き合うのか、すべて自分で選べるのです。ぜひ、自分で選択して、そこから広がる世界を楽しんでいただけたら、と思います。

皆様がより美しく、自分に違和感のない人生を生きるためのヒントになれば、著者としてこんなにうれしいことはありません。

目次

第1章

本来の自分を取り戻す「ムーンセラピー」の秘密

——月のリズムを取り入れる——

第3章

第5章 自分を最優先にする、心のセルフケア
――魂の品格につながる小さな習慣――

本文イラスト　Ritsuko
本文デザイン　浦郷和美
ＤＴＰ　森の印刷屋
校正　鷗来堂
編集協力　高比良育美

プロローグ

ＮＹのセレブたちに学んだ、本物の美しさとは？

「ミス・パーフェクト」と呼ばれるようになった理由《わけ》

「これはフェイシャルではない」

ドイツ人の画商であるマダムにそう言われたとき、とてもショックでした。

ニューヨーク州のエステティックライセンスを持ち、アメリカでのサロン経験を経て、日本に帰国。ホテルオークラ東京などで日本の接客や技術を取得した私が、久しぶりにアメリカで行ったフェイシャルの施術が終わった直後に言われた言葉です。

基本的なスキンケアはもちろんのこと、マッサージは念入りに丁寧に丁寧に、そして自分の能力を出し切ったくらい全力でやらせていただいたフェイシャルでした。一体何がいけなかったのか……としばらく検証しながらも、かなり落ち込みました。

でも、もう一度ニューヨークのエステティックの学校で学んだこと、経験を思い出しながらたどっていくと、「なるほど」と思うことに気がつきました。

私の技術力の問題ではありませんでした。それよりも、足りていない工程があった、というのが原因でした。アメリカでは学校でもサロンでもさんざんやっていて、日本ではあまりやらないと知っていた、ある工程です。その工程については次の項目で説明しますが、とにかくそれを忘れて日本式でやってしまったのでした。

これは、私が悪かったな……と深く反省し、マダムに無料で再度チャレンジさせてほしいと申し出ました。

かなり気難しい方でしたので、なかなか「イエス」と言ってくださらなかったのですが、３か月くらい粘って、やっと承諾を得ました。

心が折れそうになっていた頃に、やっと得たチャンス。絶対に失敗できません。とにかく、基本はもちろんのこと、抜けてしまった工程をどこまでも完璧に徹底的に行いました。終わった後、マダムは「まあまあね」と言って、お帰りになりました。

再挑戦の１か月後、マダムは再度ご来店くださり、こんな話をしてくださいました。

「実は、あなたのフェイシャルを受けた後、ドイツに帰国して、いつも通っているフェイシャルサロンに行ったの」と。私はもしかして満足できなくて、行きつけのサロンでやり直されたのかな？　と思い顔面蒼白。ですが、その後マダムがニヤッとして、「あなたのフェイシャルは完璧だった。私の担当が『やるところがない』と言っていたわ！」と笑顔で褒め称えてくれたのでした。

その言葉を聞いたとき、私は長く続いた不安から解放されて、思わず涙目になってしまいました。

それからというもの、このエピソードと共に、マダムのご友人をご紹介してくれたり、自信を持って私のことを他の方々に勧めてくださるようになりました。諦めないで向かっていった私の情熱に対しても評価してくれたのでした。

こちらを厳しくジャッジする分、ひとたびそのお眼鏡にかなうと本当によくしてくれる方が多いのも欧米の特徴です。納得すれば、とても大切にしてくれるのです。

このマダムの本当に自分が納得いくものをきちんと選ぶという妥協しない心、本当に心が動くものしか受けないという強さはとても素敵だと思いました。自分の意見をはっきりと言うのが苦手な方が多い日本人とは違う芯の通った姿を見せてくれたマダム。美に対する考え方という意味でも大きな学びとなった出来事でした。

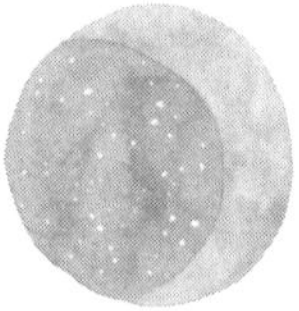

日本と欧米で異なる「美」へのこだわり

さて、ここで日本と欧米の美容に対する意識の違いについてちょっと触れておきたいと思います。

施術はクリーニングを重視

日本のエステサロンで行うフェイシャルと欧米のフェイシャルはまったく違います。何が違うかというと、「クリーニング」重視かどうか、です。最近でこそ、増えてきたかもしれませんが、大抵、在日外国人の方が、私のサロンに来て漏らすのは「日本のフェイシャルは、フェイシャルじゃない」という言葉です。

前項のマダムが「これはフェイシャルではない」と言った理由もこの部分が足りなかったからなのです。

日本文化のフェイシャルとは、主に「クレンジング・洗顔・フェイスマッサージ・フェイシャルマスク」がベースです。そこにマシンを足したりします。つまり、どちらかというと、リラクゼーションとエイジングケア目的が多いように思います。美白パックやＥＭＳ（電気で筋肉に刺激を与えるマシン）やエレクトロポレーション（皮膚の深部に働きかけるマシン）などで浸透力を高めたり、筋肉を鍛えたり、美容成分で勝負したり、と様々なメニューがあるわけです。

一方、欧米諸国で求められているものはクリーニング重視で、例えていうなら、「お肌の歯医者さん」。私たちは虫歯以外でも、歯石を取るために歯医者さんに数か月に一度行ったりしますよね。歯石は自分ではなかなか取れず、必ずと言っていいほど溜まってしまうものだからです。

それと同じで、お肌の角質や自分では取りきれない毛穴の汚れ、長年の蓄積物などを定期的にしっかりクリーニングをして、お肌のメンテナンスをしたいのが欧米のフェイシャルの意義です。もちろんエイジングケアも、リラクゼーションも最高級の美容成分も欲しいわけですが、「クリーニングした」というベースがないと「フェイシャル」という意味を感じられないわけです（特に肌質上、ニキビができやすかったり、汚れが溜まりやすい方は特にそうなります）。

スーパーセレブとなると、そもそも美しいお肌をお持ちの方も多いのですが、なぜその上でもフェイシャルをするのか。もちろんエイジングケアもリラクゼーションも必要なのですが、どちらかというと「徹底したクリーニング」を求めていらっしゃいます。

これは「エクスフォリエーションフェイシャル」とも呼ばれるもので、私の場合は、**どんなに小さな毛穴ひとつ角栓ひとつ取りこぼさず、元のお肌になかったものは徹底的に取り除く**という信念をもって行います。

徹底したクリーニングを基本とする世界を体験していると、日本でのフェイシャルが本来のフェイシャルではないと感じてしまうのでしょう。そもそもの定義が違うからです。

日本では、エステは医療ではないこともあり、基本的に肌の表面をメインにした施術しかしないものです。ですから、リラクゼーション目的をベースにした丁寧なスキンケアという感じです。

欧米では、ライセンス取得の厳しさと比例しますが治療に近い印象もあります。ドクターにはなれませんが皮膚のセラピスト、皮膚のプロフェッショナルの認識で、根本的解決を目指すものなのだと感じます。

そのくらいの違いがありますから、たとえば、日本のサロンでも「ディープクリーニングフェイシャル」というような名前のメニューがありますので、メニュー名だけだと欧米のお客様は「毛穴一つひとつ見逃さずにやるような徹底的なクリーニング」をイメージされます。ところが実際は見える汚れだけをキレイにしておしまい……というところも多いのです。これは、求めているものが違う＝日本のやり方と欧米のやり方が違う、というところに起因するものです（ただし、私がやっているディープクリーニングフェイシャルは本当に徹底しているので、一般的な日本のサロンのクリーニングとは別メニューに思えるかもしれません）。

私がニューヨークのサロン時代「ミス・パーフェクト」と呼ばれるようになった理由はこの施術にありました。

「ミス・パーフェクト」の秘密

元々完璧主義ということもあり、この徹底したクリーニングは私と相性が良かったのだと思います。

拡大鏡を使い一つひとつの毛穴、角栓も取り除くその姿はエステというより、もはやオペです。普通なら気にならないようなどんな小さな汚れでさえも見逃さないため、いつしか「ミス・パーフェクト」と呼ばれるようになりました。「誰がここまでできる？」と褒め称えられたほどです。

セレブご本人は自分でもちゃんと知っているのです。どこにその汚れがあるのかを。それを私は見逃してはならない、と思っていました。そして、私もやるからには徹底的にやりたいのです。お金をいただいているということはもちろん、相手に期待以上、いえ満足以上の結果を感じていただきたいからです（その気持ちは今でも変わりません）。

あのドイツ人画商マダムに喜んでもらえた日から、私の完璧な美を探求する旅が始まったのです。お肌のケアの「自分ではできないこと」の最上級を求めていらっしゃる世界のスーパーセレブの方々に本気で向き合う、その仕事ができたことを誇りに思っています。

「徹底したクリーニング」で、素の自分に戻る

汚れを取る、というとどういうイメージがありますか？　たっぷりの泡で丁寧に洗顔すること？　それともピーリングなどで毛穴の汚れをごそっと取り除くことでしょうか？

概ね、日本人は、自然の流れに委ねる気質が高く、お肌自身の力でターンオーバーをしていくことを大事にしている印象があります。たとえば、ピーリングや毛穴は気にしても、無理矢理やってお肌を傷めるのが怖いから、と、毛穴の汚れケアよりお肌を傷めないことを優先する。

プロセスを大事にする日本人は、丁寧にケアをして自然に綺麗になることが美徳とされている印象です。それはそれでとても素敵なことです。

欧米は基本的に結果主義。やって綺麗になるならいいじゃない、という感覚です。そこにあまり恐れがないというか、合理的なのです。特に白人と呼ばれる方々の皮膚は日本人より薄いので、シワやシミができやすいため、汚れも早め早めに取って、整えておく必要があります(黒人の方の皮膚はかなり強いのですが、新陳代謝が活発でオイリーになりやすく、過度な油分で毛穴に汚れが溜まりやすい方が多い印象でした。これは私が思うに食べ物が起因しているのではないでしょうか)。

ただ、アジアに比べて、湿気が少ない環境が多いので、毛穴の汚れが目立ちやすいということもあるのでしょう。基本的に乾燥しているほうがお肌トラブルになりやすいのです(湿気も蒸れそうですが、体内乾燥の方がよっぽどお肌には深刻です)。

食事などでも東洋医学と西洋医学で全くプロセスが違うのと同じように、考え方の違いなのですが、欧米のフェイシャルのように「徹底したクリーニング」を時々する、ということは、ある意味、今までの自分についた汚れをとことん取り除く時間をつくっているということなのではないかと思うようになりました。

肌本来の働きを活性化させるための根本的解決のためのクリーニングを求める、ということは＝本来の自分を取り戻して、活性化するためのリセットなのではないかと。

自分についてしまった余計なもの、不要なものをいったん取り除く。そして、本来の自分に戻るための時間を作るということは、この忙しい現代に生きている私たちには必要な時間なのではないかと思うのです。

徹底したクリーニングをたまにすると、素の肌が現れます。お肌がリセットされると自分の心までスッキリして本来の自分の感覚も蘇ってくることに気づくのです。

これが私が日本人にもクリーニングをお勧めする理由です。

日本人が大切にしている「お肌のターンオーバーを大事にして自然ときれいになる」というのも確かに大事なプロセスなのですが、それでは間に合わない現代人の現状があります。頭でそのようにイメージしてもできていない方が多分9割以上。

毎日丁寧にお顔を洗えていますか？　とお聞きして、自信をもってイエスと答えられる方はどのくらいいらっしゃるでしょうか。

「洗っているけれど、忙しくてルーティンワークの一つ……」になっている方が多いのではないでしょうか？

ターンオーバーの周期が乱れ、食事は欧米化し、夜も働く自律神経系も乱れがちな社会で自分ではケアしきれていない現状に気づいていく必要もあるかと思います。

日本人のお肌は綺麗ね、と他国の方々によく言われます。キメの細かさなどは確かにそうです。

国民性としての繊細さもあるので、あまり無理矢理なことは合わないという考えが根底にあって、お肌をいじるようにみえるクリーニングは怖がられる傾向にあり、エステのメニューにそこまで入れ込まれていないのかなとも感じています（最近はクリーニング重視のサロンも日本にも増えてきていますので、私もときどき受けてみますが、表面だけという印象のところがまだまだ多いようです）。

もちろん、サロンに行かなくてもお肌を大切にする方法はあります。

毎日の洗顔ひとつとっても、ちょっと意識するだけで、まったく変わるものです。2章では、そういう洗顔法をお伝えしたいと思います。

化粧品でもエステでもたどりつけない美しさがあった

ニューヨークのサロンには年齢や国籍や肌の色、文化、社会的地位や経済的豊かさの違いなど、様々なお客様がいらっしゃいました。

日本ではお会いしたこともないほどの世界トップクラスの大富豪のお客様も時には施術をさせていただき、改めて思うのは、私が向き合っている人は、誰であっても「ひとりの素の人間」でしかないということです。どれだけのセレブだろうが、すごい人だろうが、ここはスッピンとなる場であり、ある意味、素っ裸になる場所。そこにあるのは、ひとりの人間対人間が向き合う時間なのです。そして人間が求める基本はどこでも同じです。「健康的な美」なのです。

ですが現代は、もはや人間の能力が追い付かないような性能のモノに囲まれたスピード社会です。太陽が沈んでも仕事をし、寝る直前までブルーライトを浴びて、寝ている間も電磁波が飛び交っています。電化製品に囲まれて、便利さと引き換えに、本来の自然の感覚がどんどん麻痺していきます。食べ物も同じで、自然な食べ物を食べられる人の方が少なくなり、気付いたら合理的なサプリメントや薬でなんとかしようとしてしまいがちです。そんな中で、からだが悲鳴をあげるのは当然で、不調が出ないことのほうが不思議なのかもしれません。

だからこそ、自分の感覚を確かに取り戻せたような気分を得たときは、まるで世界が変わったかのように、性格も言葉も表情でさえガラリと変わります。それはどんな大富豪でも同じです。

残念なことに、現代社会では自分だけでリセットするのがどんどん難しくなってきています。ですから時にはサロンなどで、しっかりと心身をリセットしてもらえればと思うのです。

この感覚のリセット状態をサロンのセッションで体験すると、「本来の状態」がどうであったのか、自分で分かるようになります。

本来の呼吸の深さ、骨の正常な位置、落ち着いているときの脳のリラックス具合、自分が好きだった顔……。そして日常生活の中で本来の自分からずれてしまったときには、「違和感」として気付けるようになります。

欧米のセレブたちが徹底的なクリーニングを求める理由はここにあるのではないでしょうか。**つまり、本来のまっさらだった自分が一番美しいと知っている**のです。

これは化粧品の力だけではたどり着けない美しさであり、それこそが「本当の顔＝美しい顔」なのではないかと、私は思っています。

では「本当の顔＝美しい顔」とはなんなのでしょうか？

私が考える「本当の顔＝美しい顔」とは、本来の自分自身を心から愛せる状態のお顔です。目鼻立ちが綺麗とか、アゴのラインがシャープだとか、目が大きいとか、そういったパーツの話ではありません。「顔」は、自分の生き様を表す場所です。つまり何を考え、何を感じ、どう行動してきたか、が出る場所でもあるのです。その最上級が、自分自身を受け入れ、ゆるし、愛せる状態になったときなのではないでしょうか？

人が本来持つ自然治癒力を最大に発揮できる状態へ導き、長年のからだと心のクセを取り除いて、「本来の美しい姿」へ戻るお手伝いをするのが私の仕事です。

「本来の美しい姿」に戻すには、その人のいちばん自然な姿を知っている「からだ」に聞くのがいちばんです。生まれてからずっとともに人生を歩いてきた、その人自身のからだ。それも、「おなか（女性にとっては、特に子宮）」はとても雄弁です。

これは海外でも日本でも同じで、たくさんの女性のからだに触れてきた私には、言葉以上に特におなかが発するメッセージがわかります。これは、たとえ子宮を失った方でも、人種も年齢も問わずすべての女性から関係なく受けとれます。

忙しい毎日のなかで、ついつい後回しになりがちな、からだの声。ぜひこの機会に耳を澄ませてみてはいかがでしょうか。

からだの声を聴いて変わったセレブたち

無理しないでほしい。我慢しないでほしい。

私がお客様に触れると、そういうからだからのメッセージが聞こえてきます。

特に日本の女性は我慢しがちだと思われそうですが、どこの国の女性も同じです。

大富豪やセレブといえども一人の女性。男性に比べ、言いたいことを言えなかったり、自分一人で頑張ろうとするのは、世界中の女性に共通しているかもしれません。


子宮内膜症を悪化させてしまったあるセレブを施術したとき、子宮は悲鳴を上げていました。「もう、全部頑張るのは無理！」と絶叫しているような状態だったのです。

彼女は子育ても教育も旦那様のケアも、仕事も抱え、一人で何役もこなしていました。皮肉なことにそれほどの状態になってはじめて、自分をもっと休めてあげなければいけないと気付いたのです（幸い、彼女はその後、どんどん回復していきました）。また、本来の自分とパブリックイメージの乖離《かいり》が無理を生むこともあります。世間が望むキャラクターを演じていたあるセレブの子宮は、どこか悲し気でした。子宮は「こんな姿、望んでいない」と違和感を伝えていて、彼女もそれに気づいているのですが、今更やめるわけにはいかない、という状態にありました。

　サロンでムーンセラピーしていくうちに、彼女の真の強さが表に出てくるようになりました。そして勇気をもって望む方向性をうち出せて、ますます活躍するようになりました。

　さらに癒しを深めていくと、子宮の悲しみの理由がより見えてきました。実は彼女は、母親を亡くしたばかりで、その悲しみを消化しきれないまま無理していたのです。「きちんと悲しんで、感じ切ってください」とアドバイスしたところ、彼女は涙を流しました。そのあとのスッキリした笑顔は今でも忘れられません。

　子宮を大事にすると、人間関係も変わります。

素敵なパートナーができる方は珍しくありませんが、あなたを大切にしてくれない人や無理をしないと付き合えないような相手との関係が切れることもあります。

あるお客様は子宮とつながることで離婚という選択をしました。

離婚するまでは、生理も止まり、肥満体型。セラピーをはじめると、まず生理が毎月くるようになり、健康的な生活になって、体型もどんどんスッキリしていきました。それまで良い妻を演じて旦那様のリズムに合わせていたことにも気づきました。

離婚して、自分をみつめる時間、自分のための時間を作ったのです。誰にも縛られることなく、本当に好きなことをして、専業主婦から仕事も始めました。自分を大事にすることを知った彼女は、自分をしっかり取り戻し、その後また新しい関係性で、同じ旦那様と結ばれました。今度はとても幸せそうな結婚生活を送っています。

長年、女性たちと向き合ってわかったことは、からだからのメッセージはとても具体的で間違うことはない、ということ。子宮はあなた自身ともいえます。**子宮を無視するか、大切にするか、は自分をどう扱うかと同じこと。**ですからからだの気持ちに従うことで、必ず自分が持つ本来の美しさを取り戻すことができるのです。

子宮が教えてくれた美しさを最大に引き出す方法

「子宮をちゃんと感じられると顔が変わっていきます」とお客様に伝えると、皆さん驚かれます。「おなかの状態と顔がつながっているなんて?!」と思うのでしょう。

女性にしかない、そして自分の身体の中にある臓器であるにもかかわらず、ふだんは生理のときくらいしか意識しない静かな臓器であるからかもしれません。

ですが、子宮を意識してあげながらセッションして、お肌や顔の印象がやわらかく変化していく様をたくさん見てきました。逆に子宮を無視して行うと、変化の仕方が鈍いことにも気づきました。それだけ深く関連性があることを、世界中の女性のお肌を通して私は実感してきたのです。だからこそ、根本からの美しさを求めるのであれば、子宮へのアプローチやケアをないがしろにはできません。お顔もお肌も子宮次第なのだと思えるほどです。

女性がある意味初めて「子宮」の存在を気にせずにはいられなくなる人生のタイミングは、大抵「妊娠したかもしれない？」と思ったときか、生理痛や「婦人科系の病気」を発見したときでしょう。日常にはほとんど存在感のない「子宮」ですが、私たちの美だけでなく健康の鍵を握っているのです。

子宮が教えてくれる美へのロードマップは実に十人十色です。

しかしながら、どなたにも共通して効果の出るアプローチがあることもわかりました。これを長年かけて体系化したものが、私がこれからご紹介するセルフケア「ムーンセラピー」なのです。

ムーンセラピーは外見と内面、両方の美しさを重要視します。1章では「ムーンセラピーの総論」、2章では「フェイス」についてお伝えします。とても簡単な洗顔の方法なので、是非今日から取り入れてください。そして3章では「ボディ」。ここでは呼吸を整え、本来の自分とつながる方法もお伝えします。4章では「日常でできる習慣」、そして5章は、いよいよ「こころ」です。楽しみにしていてください。

自分の美しさを最大限に引き出していきましょう。

第1章

本来の自分を取り戻す「ムーンセラピー」の秘密

——月のリズムを取り入れる——

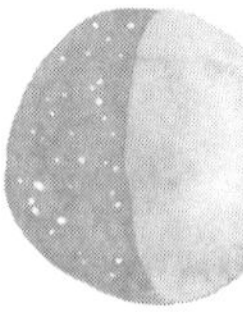

子宮と月の深い関係

私がセルフケアとしてお伝えしたい「ムーンセラピー」。そもそもなぜ、こういう名称にしたかというと……。

どんなに時代が変わっても、女性のからだのリズムは変わりません。テクノロジーが進化したからといって、生理の周期が急に50日や60日になるわけではありません。女性は太古の昔から月のリズムと共に生きてきて、それが自然な姿なのです。

生理を月の物、月経という言葉もあるほど、子宮と月、そして女性とは切っても切れない関係にあります。月の満ち欠けのおよその周期29・5日と生理周期はほぼ同じ期間ということもあり、月を意識しながら生活すると新月あるいは満月のタイミングで生理が始まる女性もいます。

子宮をケアするにあたって月をイメージする名前にしたかったのと、私自身がとても月が好きだと言うことも大きな理由です。私は常に月を意識して過ごすようになっていますが、女性が自分のリズムを取り戻すために「月」を入り口にすることは子宮の活性化につながると考えています。

月を見ることの大切さを大昔の人は知っていたのかもしれません。

縄文時代から、人間は月を見て、生活をしてきたといいます。明治時代に太陽暦に変わるまでは、月のリズムをベースにした太陰暦というカレンダーで私たちは一年を過ごし、毎月15日はいつも満月だったのです。欧米文化が入り、太陽暦となったカレンダーになるといつが満月なのか、わからなくなった現代。いつの間にか、誰も月を意識しないのが自然になってしまいました。

しかし、私たち女性は、月経というからだの浄化システムをもちます。そして妊娠という生命を育むための神秘的な能力をもち、その生命の源となるシステムは、いつだって「月のリズム」がベースになっているわけです。それはとてもラッキーなことで、**どれだけ世の中で月の存在意義が薄れてしまっても、決して消えることのない大事な大事なリズムを、私たち女性は与えられているのです。**

私たちが見失ってしまったリズムを取り戻すときは、「月を観る」。それだけで、何千年もの刻まれてきた本能が呼び覚まされ、そして幸いにもまだ身体はそれに反応してくれます。生理不順がそれだけで治ったという研究もあるくらいなのです。

月のリズムを意識して、ムーンセラピーをしていくとさらに効果的です。月のリズムと女性のからだのリズムを大切にしながら、「本来の自分とは何か」それを思い出すきっかけになれば……と思うのです。

どれだけ社会に追いやられても、本当に大事なものはなくならないということを、女性の身体の仕組みが、教えてくれているかのようで、とても嬉しくなります。

忙しい毎日にふりまわされている人であれば、まずは夜空を見上げて、月を探してみるところから始めてみませんか。そして満月と新月を意識していくと見えてくる世界を楽しみましょう（満月と新月のメディテーションもおすすめです。4章でお話しします）。

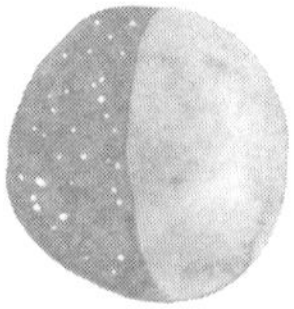

ムーンセラピーとは、からだのメッセージに耳を澄ますこと

私のサロンで提供しているムーンセラピーは、お客様の子宮を通してからだの声に耳を傾けるところから始めます。

施術の内容は、子宮まわりの緊張をほぐす、骨格のポジションを正す、脳波の調整、さらにエネルギーの浄化と多岐にわたります。これらを同時に行うので、ご家庭で行っていただくのは至難の業です。

そこで本書ではムーンセラピーのエッセンスをできるかぎり凝縮してみました。ご自身で行っていただけるセルフケアです。

特に寝たままできるムーンセラピーは、メディテーション（瞑想）効果があります。メディテーション中の脳は、最もリラックスした状態になると言われています。心とからだの奥深くに溜まった、痛みや緊張をゆっくりとほぐすので、「そのまま寝てしまった！」という人も多いほど、リラックス効果が高いので是非取り入れてみてください。**誰でも自分自身のセラピストになれ、ご自身でも気づかなかった深い、それこそ潜在意識レベルでの解放を実感できます。**

また、目に見えて様々な変化が訪れるようになるでしょう。

おなかを触ると本当に色々なことが分かります。

それは、おなかには内臓を癒すポイントがすべてあるからです。普段の呼吸の状態や、普段どれくらい緊張しているかなど。目は口ほどにものを言う、と言いますが、おなかはさらに雄弁です。

毎日おなかに触ってあげて、ムーンセラピーを行っているうちに、硬すぎる・柔らかすぎる、冷えていることなどから、不調やからだからのＳＯＳに早めに気づくことができるようになります。

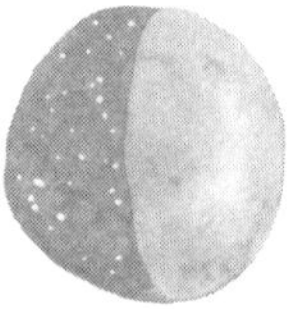

おなかには感情があります

多くの女性のおなかを通して、様々な感情に触れてきました。特に、「怒り」の感情を押し込めている方がとても多かったりします。

怒りの段階ならまだ良いのですが、それを通り越して、怒りの奥に悲しみがある状態は、もはや怒ることもどこか諦めて、引きこもってしまうのです。そうなってくるとなかなか解放するのが難しく、忍耐強く向き合うプロセスが必要となってきます。どうかそこまでいく前に気付いてあげてください。

子宮はとても静かな臓器です。声が小さい臓器、といったほうがいいでしょうか。すぐに「痛い」と警告を出してくれる胃のような臓器と比べると、その声は本当にささやか。だから意識して話を聞いてあげなければいけないのです。

子宮という臓器はずっと我慢していて、これ以上は無理！　となって初めて声を発するのではないかと思うくらいです。というより、実はあなたが我慢強くて、その我慢の行きつく先が子宮なのだと言ってもいいと思います。

我慢は子宮にたまっていきます。耐えて、耐えて、もう限界がくるとある日突然、婦人科系の病気として現れることがあります。しかしそれも、症状が出たころにはかなり進行していることが多いのです。命を宿し育てる母性が強い場所でもあるので、黙って守ろうとしてくれているのかもしれません。

誰にも迷惑をかけてはいけない、自分が我慢すればいい、と思っていても、あなたの子宮にとっては大迷惑なことになってしまうのですね。だから、できれば我慢の限界の声を待つではなく、日頃から声をかけてあげていると、子宮はよりクリアに、そして我慢せずに色々と伝えてくれるはずです。子宮の本音に気付いて受け止めてあげましょう。

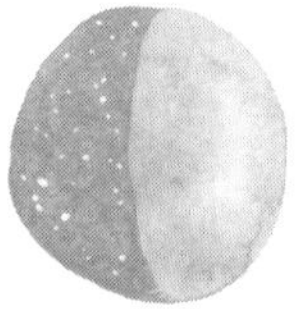

「戦いモード」はバランス良く

長い男性社会の歴史の中で、女性が優秀な故に、たくさんの役割を担っているのを感じます。そしてこの社会で生きていくために、仕事であれ、家庭であれ、常に私たち女性は、「戦いモード」になりがちです。

でもそれはそうなるしか、進んでいけない環境であるからで、好きでそうなっているわけではありません。もちろん女性でも武士のように戦いモードを好む方もたくさんいますが、それでも、ずっと「戦いモード」であることは、望んではいないものです。どこかでほっとしたいし、ゆったりしていたいのです。

サロンには社会的に活躍されている女性もたくさんいらっしゃいます。美しくて優秀で、しっかりと自分の意見を持ってお仕事されています。でもそんな方々でも、ずっと戦いモードだといつの間にかバランスが崩れてしまうのです。いつの間にかそのモードから抜け出せなくなり、必要以上に頑張りすぎたり、きつくなってしまうこともあります。

私たちは、司令を出しているのは脳だと信じていますが、女性の場合、脳だけの判断ではまかり通らないことがあります。頭ではわかっていても動けないとか、こうすべきだ、と思うのに違和感を覚えるとか。

実はこれも「子宮」がメッセージを発しているということ。本能でもあり、生命を司る子宮は、めちゃくちゃ正直で無理ができません。耐えることはあっても、ウソはつけないのです。でも私たちはまさか子宮の反応だとは思わず、無視しがちです。

ここで「子宮」の意思なのだ、とわかっていると、実はほっとします。やっぱりそうか、と思うのではないかと思うのです。

私たちは意外と正直な気持ちを蔑ろにしがちです。それは誰かのため、であったり、社会に合わせるためであったりと理由は様々ですが、どこかで自分が耐えること、自分を後回しにすることでバランスを取ろうとしているのですよね。

実際には合わせることしか道はなかったとしても、「本当は」感じていたことを正直に、自分の中だけでも感じてあげられると、私たちはほっとします。自分にはウソをつかなくてもよくなるからです。ですから、違和感やからだの反応は大事にしてあげてくださいね。

そして、「委《ゆだ》ねる時間」を持ち、１日の中でリセットする時間を大切にしてほしいのです。それがあるかないか、で戦いモードの意味が全く変わってきてしまいます。このバランスを取れるようにしておけると、頑張りたいときは頑張って戦ってもいいし、ちゃんと見失わずに女性としてのバランスを保っていけるはずです。

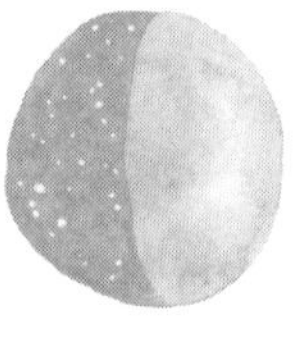

心の声に気づく練習をしてみましょう

心の声、ってなんでしょうか?

たいてい私たちの通常考える心の声は、「思考」であり、その思考回数は一日約6万回とも7万回とも言われています。そのうち昨日と同じことを思考しているのは8割以上。9割のときもあります。意外と同じようなことしか考えていないのですね。

私の言う「心の声」はこの「思考」ではなく、**「からだの声=子宮からのメッセージ」**です。思考は脳ベースですが、「子宮」は本能であり、脳のようにジャッジをせずに「愛ベース」で発しています。

何か大事なことを決めるときは、脳ベースよりも愛ベースをお勧めします。損得感情ではなく、自分にとって本当に大事なことは「愛ベース」で決めたほうがいいと思うからです。これからの時代はさらにそうなっていくのではないかと思います。

「子宮のメッセージ」を聞く練習は、とっても簡単ですが、日常でやり続けることが大事です。子宮を意識するということだけでＯＫですから、いつのタイミングでもかまいません。「自分自身だけの時間」に行ってください。一番やりやすいのは、寝る直前だと思います。

やり方

① 両手を子宮のあたり（下腹部）に当てて、体温を確認し、冷えていないか、痛みはないか、硬いところはないか、を確認してから、目を閉じて、子宮に「こんにちは」と、挨拶をします（心の中でかまいません）。

② そして、ただ待ちます。両手の温かさを感じながら、ご自分の呼吸がリラックスして、ほっとしてくるまで続けます。

とっても奥ゆかしい子宮なので、すぐには何も反応しないかもしれません。ですが毎日意識を向けてあげてください。どこかのタイミングで何かを感じるようになってきます。涙が出てくるかもしれないし、温かな愛を感じるかもしれません。言葉が降ってきたりイメージが見えてくることもあります。

とにかく自分の感覚を信頼して、脳で勝手に変換してしまわないように、確かな感覚が感じられるようになるまで続けてみましょう。

思考（頭）の声かからだの声かわからないときは、下腹部の方の感覚か、上半身、特に頭部側の感覚か、で判断してみましょう。脳の思考になっているときは、感覚にどこか違和感があるかと思います。それも感じる練習をしてみましょう。

ふだん子宮を意識せずに暮らしているでしょうから、ムーンセラピーの第一段階として、左記を中心におこないます。

- **子宮の存在を意識してみる**（おなかの中にあるんだな、と意識を向けるだけでよいです）
- **自分自身の感じていることを認識する時間をもつ**（流さないこと）
- **女性としての願いは、何だったのかを思い出す**（制限なく、まずは何を自分が望んでいるのかを知る）

ただ、最初は「子宮を意識する」のも難しいので、まずは今日からすぐにでも始められる「洗顔メディテーション」からお伝えしようと思います。自分の顔、自分の肌を昨日よりもちょっと意識することから始めてみてください。

第2章

「1分洗顔メディテーション」のすすめ

――肌の触れ方は、自分への触れ方です――

目指すのは永遠の40歳肌

自分がいちばん美しいと感じる年齢に戻れるとしたら、何歳の自分に戻りたいですか？

この質問で、「18歳」と答える方もいれば、「28歳」「34歳」と様々ですが、世界的な平均は「34歳」という回答が多いようです。34歳の頃に、今がいちばん綺麗だわ、と思えるのは難しいかもしれませんが、やはり振り返ってみれば、外見だけでなく、精神的にも成熟して、とても良いバランスの年齢なのかもしれません。

ですが、34歳をキープするのは、正直難しいと感じる方も多いのではないでしょうか？　ここで一つ、皆様にご提案したいプロジェクトがあります！

50代、60代になったときのことを想像してみましょう。もしもその年代のときに、40歳のお肌だったら？　それはどちらかと言ったら、かなり若くて美しい印象ではありませんか？　40歳をずっとキープする、それならできそうな気がしませんか？

名付けて「フォーエバー40プログラム」。20代や30代のお肌をキープするのは、どうしても難しい印象がありますが、40歳をキープできるなら、その先の人生が楽しくなりそうな気がしませんか？

40歳になっていない人には、まだ想像できないかもしれませんが、ここのラインを自分の中に持って、40歳まで年齢を重ねていけると、40歳になってからのキープが更に容易になっていきます！　永遠に美しい、とは、無理をして見せるものではなく、自然な美しさを最高の状態でキープすること、なのではないでしょうか？

フォーエバー40プログラムの実践のために役立つのが、これから説明する、ムーンセラピー第一弾ともいえる「セルフフェイシャル」です。

40歳、50歳……ホルモンの変化でからだが変わっていくときにも、自信を持って迎えることができる、そんな顔のセルフケア実践編、どうぞお楽しみください。

1日1分、鏡と向き合ってみてください

鏡を見る仕事をしている人とそうでない人では、見た目年齢にかなり差が出てしまうのはご存知でしょうか？

たとえば美容師さんは、職業柄もありますが、常に鏡を見るお仕事ですよね。幾つになっても若々しいのは、髪型が決まっているせいだけではないはずです。

では私たちは日常生活でどれくらい鏡を見るでしょうか？

10代や20代の頃はもっと綺麗になりたい、とか、見られることを特に意識する年代なので、鏡を見る回数は多いのではないかと思います。でもだんだんキャリアアップしてきたり、子供が生まれて子育てで忙しくなったり、自分のことだけではない仕事などたくさん役割を抱えてくると、じっくり鏡を見る時間も減ってきてしまいます。

忙しい毎日で、それは仕方のないことでもありますが、私たちが朝と晩にスキンケ

アをする時間だけでも（1分でもOKです）、しっかりと意識をして自分の顔をしっかりと見てあげるための時間にして欲しいのです。

ここで1分でできる「洗顔メディテーション」をお伝えしますね。

私はニューヨークでメディテーションヒーリングを学びました。ニューヨークでは日常的にメディテーションを取り入れるライフスタイルが定着しています。メディテーションと言うと座禅などをイメージされる方もいらっしゃると思いますが、目的は呼吸を意識しながら自分を内観すること。

私のおすすめが、この「洗顔メディテーション」です。洗顔をメディテーションに見立てて自分と向き合う時間にしてしまうのです。洗顔は毎日のことですから、わざわざメディテーションのために時間を取らなくてもよくて、今までよりちょっと丁寧にするだけですから、やりやすいと思います。

無意識にただスキンケアしているのと、しっかりと1分でも自分の顔を見つめるのとでは、この積み重ねは年齢と共にどんどん差が出てきます。気付いたら、あれ？となる前に、一日1分のセルフチェックタイムを。常に自分自身の顔の情報をアップデートしておきましょう。そうすれば、自ずとやることは見えてきますから。

洗顔メディテーションの方法

洗顔の方法をちゃんと習った方はいますか？

誰もが毎日おこなうことなのに、案外適当に済ませていらっしゃる方が大変多いのが、洗顔です。せっかくなので、洗顔をメディテーション・タイムにしてみませんか。

まず、１週間で良いので、毎日１分間洗顔をするときに、次のステップとイメージで行ってみてください。

①お参りのときをイメージして手をまずキレイに洗います。

（改めて「自分を大切に扱う」という意識を高めるための儀式です）

②その後が一番のポイントです。

洗顔料を泡立てて両手でほほに当てて、10秒、そのまま動かさずに「手の温度を感じる時間」をとります。

③次に、目を閉じて息をゆっくり吐きながら、顔をゆっくりと洗います。お顔を一番大事な価値のあるものとして崇《あが》めるように大切に、丁寧に洗ってください。

これをすると何が起こるかというと、まず、最初にホッと一息できます。

そこからだんだん呼吸がゆっくりになっていくことに気づきます。

そうすると副交感神経が優位になっていくのです。

手の温度を改めて感じると、自分の手はこんなに温かかったのか、と気づきます。

人間は、温かさを感じると、副交感神経がこれもまた優位になります。

そして包み込んであげられる時間は、心をとてもほぐします。

④その後、30度のお水で年齢数プラス10回以上崇めるように洗い流します。

※慣れてきたら（30度のお水で年齢数+10回が習慣化してきてから）、禊《みそぎ》のイメージで最後に冷

水で5回流し、ちゃんと自分の顔を鏡で見て笑いかけるというレベルアップバージョンがオススメです。

まずは、手の温度を感じること、吐く息でお顔を洗う、自分を崇めるイメージができれば、大丈夫ですから、1分くらいを目安におこなってみてください。

やっているうちに、1分が短く感じるようになるかもしれません。もしもう少し長めにやっていたい、という感覚があれば、そのまま続けてもかまいません。とはいえ、洗いすぎはよくないので、どれだけ長くても5分以内には終わらせてくださいね。

洗顔メディテーション

① 手を丁寧に洗います

② 泡立てた洗顔料をほほにあてて、
手の温度を感じます

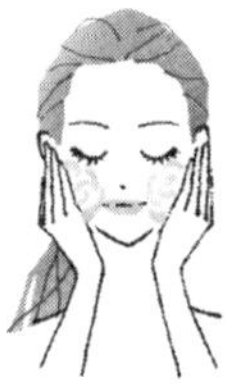

③ 目を閉じて、大切な顔を
ゆっくりと洗います。
息を吐きながら、がポイント

④ 30度のゆるま湯で、
年齢+10回以上、流します。

※慣れてきたら、最後に冷水で5回流し、鏡で自分の顔に笑いかけます。冷水は禊のイメージで。

「顔」を整える、ということ

皆様が無意識で見ている相手の第一印象は、たいていは顔がメインです。もちろん人によっては身体《からだ》つきや雰囲気かもしれませんが、だいたい顔を見ます。私たちセラピストも、サロンにいらしてくださった際に、最初に顔を見ます。全体ももちろん見ますが、顔は何よりも正直なのです。

施術をしていくと通常「動く」ものが「動かない」方がたまにいます。

「動く」というのは、正確には、「本来の位置に戻る力がある」とも言えます。私たちは日常生活で食べるもの、感じるもの、使うもの、体調や感情で様々な変化をしています。美しいままでいられたら良いのですが、バランスが崩れたり、内臓が弱ってしまったり、心が疲れてしまったりすると、どうしても広がったり歪んだり、傾いたりしてしまうものなのです。

そのお顔を整えていくには、顔のパーツだけでなく、特に子宮のケアが必要になってきます。もちろん骨格や筋肉、神経なども関係しているのですが、総合して子宮を整えていくと、全体的に改善しやすいのです。

おなかを触ってセラピーをしていくと、顔がどんどん変化していきます。あごまわりの緊張が取れてあごラインがシャープになったり、呼吸が整うことで血色が良くなったり、老廃物がうまく流れ出して、目力がアップしたり。骨盤部と肋骨部、あごラインは特につながっていて、全体が連動して変化していきます。

ですが稀に、変化しない方がいらっしゃいます。身体の機能が衰えているわけではなく、ボトックスや美容整形をされている方は、皮膚や筋肉、骨の移動が難しく、からだがほぐれても顔が連動しないのです。故意に〝綺麗〟をキープする技術は、逆にいうと自然の力を受け付けなくなってしまうので、私の施術は合っていないようです。

また、感情に強いダメージを受けている方も、変化に時間がかかります。心がからだをブロックしてしまうのです。心が柔軟で素直な方ほど、顔の変化が早く、シュルシュルとスッキリ美人になっていかれます。顔はからだと心のバロメーターなのかもしれませんね。

子宮はお肌のコンディションを司る

子宮とお肌の状態には、密接な関係があります。

生理前にニキビができやすかったり、やたらお肌が不調になったりしませんか？　そして生理がきた後には、お肌がまるで何事もなかったかのように「ツルンッ」と綺麗になった経験はありますか？　私はよくあったのですが、これは本当にすごいなと思うのです。

ホルモンに私たちのコンディションはかなり影響されています。そしてその裏ボス的存在が、「子宮」です。生命を生み出す場所でもあり、神秘的な臓器であるわけですが、普段の食生活、精神状態、パートナーシップなどでこの「子宮」は影響を受けます。

ホルモン状態はストレスとかなり密接しますから、要注意。美肌でいるためには、日頃のスキンケアだけではなくて、「子宮」の状態を大切にすることが、実は最も重要なファクターなのです。

さらに深めていくと、実は女性の場合、「子宮」の状態が顔や皮膚に直結してきます。自分のことを蔑ろにしがちであったり、自己肯定感が低かったりすると、子宮に影響が出て、ホルモン分泌にも影響し、お肌にもつながっていきます。つまり、心の状態がお肌に出る、とも言えます。お肌って本当にいろいろと教えてくれる、すごい存在なのです。

だからこそ、自分自身を大切にするプロセスの一つである「セルフケア」で、お肌を整えると、自然と心もどんどん元気になっていきます。

Column

皮膚から目に見えない情報を受け取れるようになる

私たちの皮膚は、実はたくさんの情報を読み取ることができます。

「脳《のう》皮《ひ》同根《どうこん》」という言葉があるように、お肌と脳は同じ胚葉《はいよう》から生まれています。つまりお肌は脳と同じくらい、もしくはそれ以上の情報を読み取ることができるのです。私はお客様のお肌に触れると、その方の生活や食べ物、精神状態やホルモンの状態なども感じられたりします。時として、感情が溢れてきている状態の方もいます。それは､私が「皮膚感覚」を研ぎ澄ましているからです。

初対面の人と握手したり、はたまたいい雰囲気の恋人候補と手をつないだりしたとき「なんだか嫌だな」と感じた経験はありませんか？

これは勘違いなどではなく、手の皮膚から情報を受け取っているのです。その感覚を無視して付き合った結果、思っていたような相手ではなかった、ということがあるのです。理屈ではない、本能のシグナル。子宮とつながると、こういった感覚が研ぎ澄まされるようになります。

そのうち触れ合った人だけではなく、風、気温といった自然現象からも様々な情報を読み取れるようになります。

気づいてますか？ 自分の顔の小さな変化

美しい人とは、自分を大切にしている人だとお話ししましたね。

よくメイクの特集などで愛され顔というフレーズが出てきますが、「本当に美しい愛され顔」は人に媚《こ》びることではありません。愛され顔は大事にされていると信じられている状態だと思います。「誰か」に愛されて得られる場合もありますが、一番は「自分自身」から愛されている、という確固たる自信。これは何ものにも代えがたい素晴らしいベースとなります。

最愛のパートナーに愛されている人はきれいになっていきますが、まずは自分からの愛です。そのうえで愛されたら無敵の美しさを手に入れるでしょう。

反対に、セルフネグレクト（自己放任）を続けると顔はさみしくなっていきます。

まずは、自分の顔をしっかり見ることから始めてください。

毎日洗顔やお化粧をしているはずなのに、「自分の顔」をちゃんと見ていますか？「知っている顔」「いつもの顔」と思っていると、小さな変化に気づけません。そしていつもの顔がある日気づくと、「急に老けた気がする」とか「ハリが感じられない」などとガックリしてしまうことがあるのです。

どれだけ自分の顔と向き合っているのか、は顔に出ます。

忙しくてそれどころじゃない時期はあります。でも、本当に放置しているお顔というのは、正直どれだけベースに恵まれている方でも、可哀想な状態になってしまいがちです。

自分自身にさえ意識を向けてもらえないお顔は、どうしたらいいのでしょう？

たとえば、放置されていた原因が、本当に心に余裕がない状態が続いていたからかもしれないし、つらい出来事があって、何かを諦めてしまったからかもしれないし、またはそもそもそんなふうに意識できるような環境じゃなかった、ということもあるのかもしれません。

私にはこんなことがあります。時計は基本的にスマホを見る派なのですが、スマホを見て、机に置いて、「今何時だったっけ?」と思うのです。スマホには確かに時間が出ていて、見ているときに出ていたはずです。それなのに、時間がわからない、そんなことが起こるのです。

顔も見ているようで見ていません。見ようと意識しないと人は見ていないものだということにまずは気づきたいですし、「もっとちゃんと見つめてあげたかった」という自分の本当の心を放置しないでいたいです。

誰だって、自分を大事にしたいし、自分のことを見てほしいし、認めてほしいものです。ですから**「放置された状態」にならないように、小さな変化に気づいてほしい**と思います。そして認識するタイミングはたまに、ではなく、毎朝毎晩にしてあげたいです。なぜならその日のうちにお顔がリセットできるからです。

そして、愛する人に毎日見つめられたら自信がついていくのと同じように、何よりもいちばん大事な自分自身のことをいつも認識してあげること、それだけで、自分とのつながりも強くなっていくのです。

たるみは斜め45度に出ます！

たとえば、気づかず進んでしまう筆頭が、顔のたるみ。自分では気づかないかもしれませんが、「斜め45度」にいちばん出ます。これは自分では気づきにくくても、他人からはよく見えてしまう角度です。

たるんだ顔が好きな人はいません。年齢と共に実感する事が増えてきやすいのですが、たるんだ顔＝自分の顔、と思わないでください。

たるみには原因があります。一般的には重力や年齢と共に減少していくコラーゲンやエラスチンのせいにされがちですが、それだけではなく、実は内臓の弱りも表しています。しっかりとした内臓コンディションで、筋肉を使えていたら70代の方でもたるみというのはあまりみられません。年々と老化を感じるのは、実は筋肉や内臓状態の基礎レベルが低下している、と考えていいと思います。

また、食べすぎも頬がたるみます。斜め45度に広がっていき、毛穴が広がります。特に甘いものを食べすぎると、糖化の関係で、どんどん緩んだ印象にもなりますし、胃腸が弱るとさらに全体的にたるむので、頬の位置が下がってきてしまいます。食べる量や食べるものも見直しておきましょう。

ムーンセラピーは内側から整えていきながら、本来のポジションへ戻します。

ムーンセラピーをしていくと顔の状態までもが変化し、顔のパーツが元の位置に戻っていきながら、立体感ができることで健康的な印象になっていくのです。フェイシャルでもある程度のリフトアップは実現可能ですが、ベースをしっかりと整えると、フェイシャルでの効果はさらにアップします。セルフケアで土台作りをしておくと、色々なビューティケアの効果も倍増するので、オススメです。どこから見られても自信がある顔でいたいものですから。

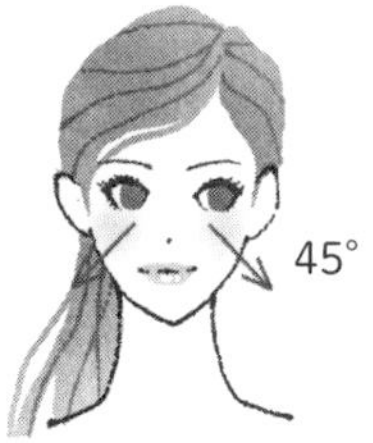

肌に触れることは、自分自身に出会うプロセス

エステや美容院だけでなく、医療関係の場などでも、「触れ方」ひとつで、自分が大切に扱われているか雑に扱われているかどうか、一瞬でわかりますよね？

人間でも猫でも、「触れ方」というのは重要です。何よりも最初にわかる、その人の品格だと思います。他人への触れ方で品格を感じるとしたら……自分自身への触れ方をちゃんと意識できている、ということでもあります。何よりも「自分を大切にしている」感覚も高まります。

自分自身でさえ雑に触るのに、大事な人を急に大事に触ることはなかなか難しいものです。意識してやっても、普段の在り方が出てしまいます。だからこそ、普段から人に触れる仕事をしている私は、特に大事にしています。その相手を「大事にしているかどうか」のバロメーターでもあり、そしてその瞬間の信頼関係が変わる部分でも

あるからです。

また、**洗顔メディテーションをしていくと、自分のお肌の温かさや柔らかさ、そして呼吸が整っていくことによって、自分の感情が浮かび上がってきやすくなります。**本来感じていた感情であったり、押し込めていた気持ちとか、ほっとした安心感などをほんのひととき感じられる余裕が出てくるようになると思います。つまり、正直な自分に戻っていく感覚です。

その感覚がきちんと感じられるようになってくると、さらに自分の奥底に押し込めていたものや、考え方の癖で無視してきた自分の気持ち、もしくは、本当は気づいていたけれど見て見ぬ振りをしていたものと、向き合う準備ができてきます。それは決してネガティブなことではなく、しっかりと心のクリーニングをして、自分自身が感じていたことを、ただ「受け入れてあげる」優しいプロセスに入るのです。

そこで「子宮」を通してつながるムーンセラピーの登場です。

「子宮」を意識してあげるプロセスを毎日の生活の中に取り入れることで、洗顔メディテーションからさらに深く自分自身を感じる時間に変化していきます。それは、実はいちばん感じたかった自分自身に出会うプロセスでもあります。その変化も含めて、まずはやってみて、その体験をただ楽しみ、そして委ねてみましょう。

あなたの本来の美しさを呼び覚まし、そして、さらに自分らしい美しさを目覚めさせていくために——。

第3章

自分だけの美しさを磨く
ムーンセラピー

―― 1日1分、リセットタイムをつくる ――

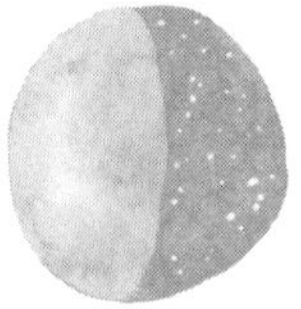

私が聞いてきた、子宮からのメッセージ

日々、自分も言いたいことはたくさんあるし、たくさん聞いてもらえたらすっきりしますよね。逆に言いたいことが言えないままや、我慢している癖がついていると、どこかモヤモヤしてしまったり、晴れない気分で過ごしてしまいがちです。

実は、「子宮」も同じような状態にいます。だからサロンでムーンセラピーをしていると「待ってました！」とばかりに私に訴えてくるのです。

私はそれを聞き取る役目をしますが、本来、ご自分で聞いてあげられていれば、ここまで爆発することもないわけです。家族や友達に話ができなくて、占い師のところで話を聞いてもらう、みたいな状態になっています。

私が受けとってきた「子宮」の聞いて欲しいことランキングベスト3をご紹介すると、第3位は、「悲しみを消化したくてもできないままです、という涙系」。第2位は、

「もう聞いてくれないから発信するのも疲れた、というあきらめ状態の無関心になりかけ系」。そして第1位は、「無視されていてムカついている、という怒り系」です。

もう少し具体的に説明すると、第3位は、押し込めてしまった悲しみが自分でも知らずに残っていて、消化し切れていない状態。感情は感じ切ることで消化していくものなので、これには時間がかかる場合もありますが、ムーンセラピーをしていくと、涙が出たり、悲しみが浮上してきたりして消化していったりします。

第2位は、長い間子宮に意識を向けて欲しいと訴えてきたけれど、一向に気付いてもらえなくて疲れ果てている状態です。これは実は最も危険で、無関心になると、もう変化してくれなくなったり、心を閉ざしてしまいがちになったりするので、あまり良い状態ではありません。なので、ちゃんと聞いているよ、ということを知ってもらうところから始めます。そうしないと、病気という形で表現する可能性や、自分の感情がうまく感じられなくなってきてしまうなどの精神的にキツい症状につながってしまう傾向がありますので、気を付けてあげたいです。

第1位は、まだ怒っている状態なのでいちばん改善の余地あり。「聞いてよ！」と言っているわけなので、まずは聞いてあげるところから、そして気付いてあげれば不調も比較的早めに改善します。

これは、子宮を手術で摘出した方や閉経を迎えた方も同じです。

子宮がないから子宮の存在は感じられない、と嘆かなくても大丈夫です。子宮が存在していた記憶、というのは体内に残されているらしく、ちゃんと反応してくれます。

逆に、確かに存在していたんだよ、と向き合ってあげられると、周りの臓器も一緒になって助けてくれます。ですので、結果的に意識を向けてあげられる時間を持てると、お顔や心の状態もより生き生きとしてきます。

また子宮はあるけれど、生理は終わったから関係ない、ということもありません。第2の人生の幕開けとも言えるタイミングですから、妊娠・出産を意識せずに自由に活動できるタイミングのときこそ、女性としての生き方をより楽しむために、子宮とつながることはとても重要です。

まずは、自分自身が「子宮」への意識を変えていきましょう。そして、その気づきを高めていくための方法、「おなかを触るだけ」ムーンセラピーの方法を本章ではご説明いたします。

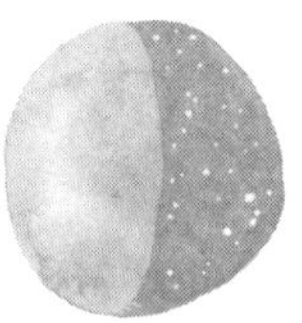

寝ながらできるムーンセラピー【実践編】

どれだけストレッチをして、ゆったりお風呂に入っても緩められない緊張、というものがあります。それは深部で凝り固まった緊張であり、たいていは脳のストレスによるものです。深部の緊張をときほぐしていきましょう。

思考がなかなかやめられなかったり、ずっと同じようなことを考えてグルグルしたり、何か固定のことで引きずられているようなとき、実は脳だけでなく、呼吸も浅くなっていて、そしておなかも硬くなっています。脳の状態がおなかに直結する、といってもいいくらいです。

だからこそ、脳の緊張を取り除くよりも、おなかからアプローチすると、自ずと脳の緊張も取れやすくなってきます。それはおなかや脳の深い緊張をときほぐすことにもつながるのです。だからこそ、このムーンセラピーは、深い睡眠や、内臓機能の向上、結果的にお顔のリフトアップや肌艶アップにもつながっていくのです。しかもからだが整ってくると、心も穏やかになり、エネルギーがみなぎってきます。

心から元気にしてからだへの変化、もありですが、からだからのアプローチの方がとっかかりとしてはわかりやすく、そして簡単なので、おすすめです。

深部の緊張は、実は自分自身がいちばんわかっていたりします。だからこそマッサージや整体などに行って整えようとするのだと思いますが、日々自分でもメンテナンスができたら、プロにお願いしたときの回復力もかなり変わってきます。

自分の不快感をバロメーターに、からだからのメッセージだと思って、日々、ムーンセラピーで整えてあげると、全体的なからだと心の力が浮かび上がっていきます。ですから、まずは、自分と向き合う1分から始めてみましょう。

そして、とりあえず21日間続けてみてください。21日間というのは、脳のセットアップするのに最適な期間となる上に、お肌や心の変化を感じやすい日数なのです。だいたい、次の3段階になります。

1 最初の1週間で基本の呼吸を整えます。寝ながらやることで簡単に腹式呼吸となり、内臓を整え、血流を活性化させ、緊張を取り除くためのリセットの習慣作り。(はじめて編)

2 次の1週間で緊張を取り除くセラピーポイントを刺激していきながら、心を下腹部にフォーカスし、安定感のあるメンタルケアにつなげます。(アプローチ編)

3 最後の1週間で、子宮をイメージしたり、恥骨をしっかりと押してあげることで、顔の立体感が出てきます。また内臓や呼吸が整ってきているので、顔に結果が出やすくなってきます。お肌のコンディションも変化が出てくるタイミングです。(自分とつながる編)

ムーンセラピーのやり方

はじめて編（1週目）

① 背骨が真っすぐになれる場所で横になります（ベッドや布団、ヨガマットなど）。

② 手のひらを子宮を意識する下腹部に当てます。

③ 呼吸に意識を向けます（鼻から吸って、鼻から吐く。難しい方は口からでも可）。

④ 呼吸が整ってきたら、吐いたらおなかを凹ませ、吸ったらおなかが膨らむように呼吸をします。手のひらを置いているのでわかりやすいはずです。

⑤ おなかを膨らませたり凹ませたりする呼吸に慣れてきたら、通常のコントロールしない呼吸に戻します。

⑥ 手のひらを引き続き下腹部に当てながら、手の温度を感じてみます。そして、意

識を下腹部（子宮）に向けて、「こんにちは」と心の中で挨拶します。

⑦ しばらくどんな感覚になるかを観察しましょう（30秒ほど。おなかが温かく感じられるようになったら終わりにしてもOK）。

アプローチ編（2週目）

※①〜⑦に慣れてきたら、続けて以下をおこないます。

⑧ 鼻呼吸でいったん息を吐いて吐いて吐ききります

⑨ 指先を肋骨の真ん中、横隔膜のあたりに指が入るまで沈ませます（10秒）。

⑩ 今度はおへその少し上を同じように指先で押します（10秒）。

⑪ 次におへそと恥骨の真ん中のポイント（下丹田のあたり）を同じく押します（10秒）。

※⑨〜⑪で押すときは、呼吸を止めないこと。むしろ、たくさんゆっくり吐いたり吸ったり、おなかを動かしながら押し続けると、より効果的です。

⑫ ゆっくりと、おだやかな呼吸をしながら、恥骨の上部を両手の指先で、優しく6回押して終了です（気持ち良いと感じる程度。30秒）。

1週目 ［ムーンセラピー］ はじめて編

①横になります

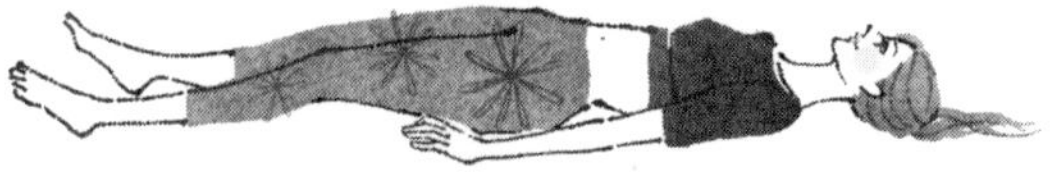

②手のひらを下腹部（子宮のあたり）にあてます

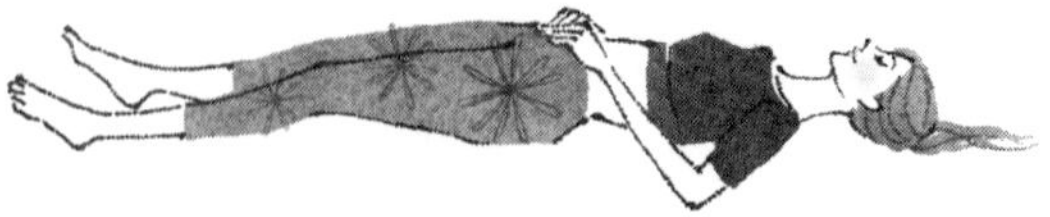

③鼻呼吸を意識します（鼻から吸って鼻から吐く）

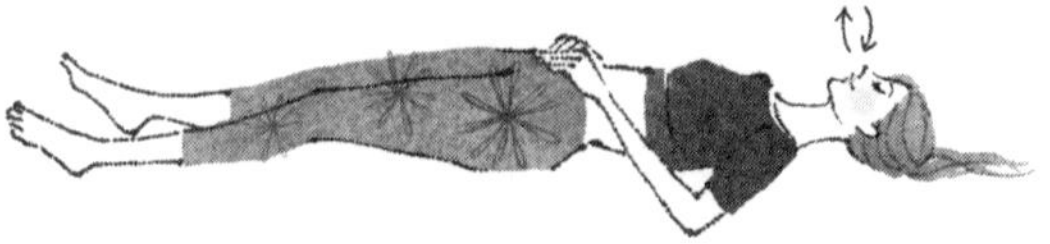

④息を吐くときにおなかを凹ませ、吸うときに
おなかがふくらむように

⑤ ④の呼吸に慣れてきたら、自然な呼吸を続けます

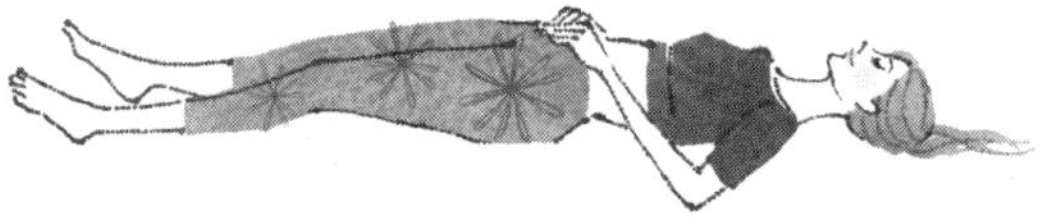

⑥ 手の温度を感じながら、意識を子宮に向けて
「こんにちは」と挨拶します

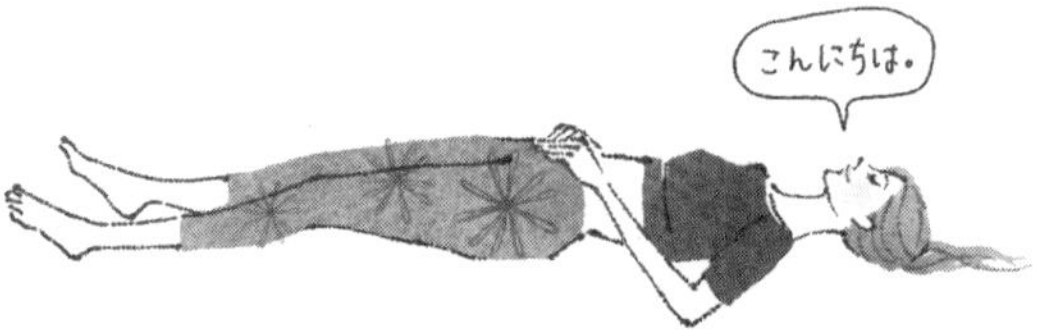

⑦ しばらく、自分の感覚を観察します（30秒ほど）

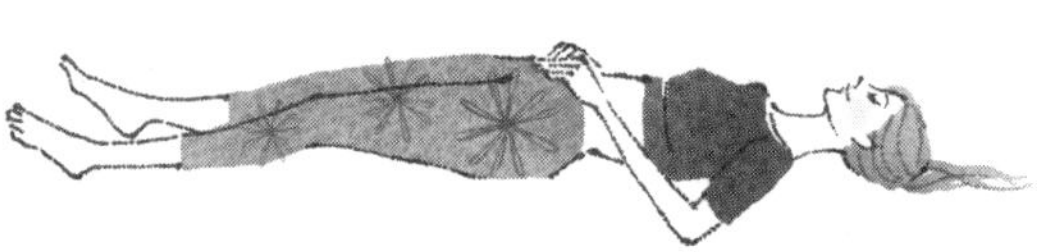

2週目 ［ムーンセラピー］ アプローチ編のポイント

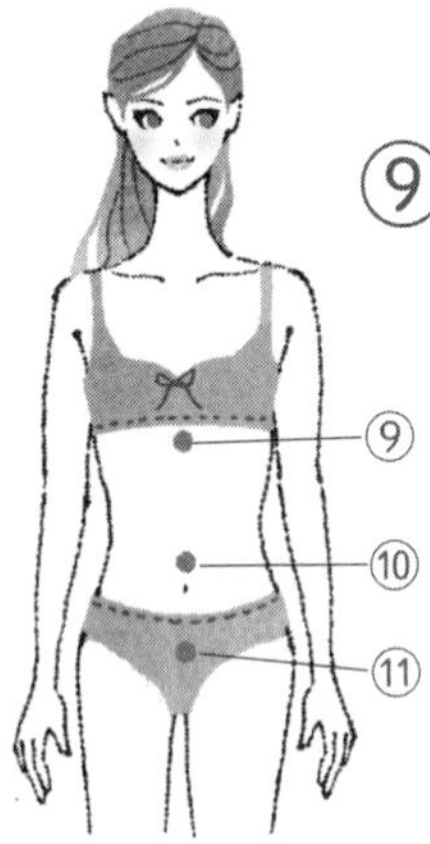

⑨～⑪ （横になったまま）両手の人差し指と中指の２本で、おなかが２～３センチ凹むようにしっかり10秒押します。

※押し方のコツは、両手の人差し指と中指の２本で、
おなかが２～３センチ凹むようにしっかり、できるだけ真下に押します。
息は吐きながら、です（吸うときも押し続けます）

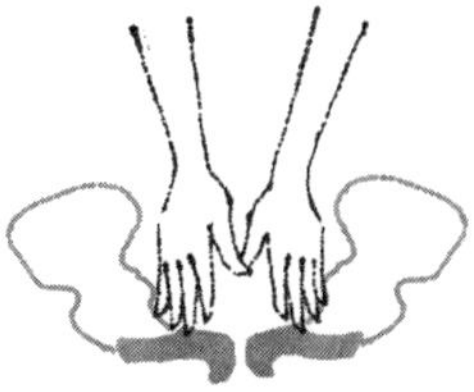

⑫ 恥骨の上部を両手の指先で上から置くようにそっと押します

自分とつながる編（3週目）

①〜⑫に慣れてきたら、次のステップ。①〜⑫の後、息を吐ききります。

⑬ 呼吸を吐くときに、両手でしっかりとサポートしながら、吐いて吐いて吐ききります。急いで吸わないことがポイントです。

⑭ すべての空気が出て行って空っぽになった感覚を感じながら、両手の指先を恥骨の上に軽く乗せて、意識を子宮に向けて、目を瞑りながら、下腹部にお月様が優しく光り輝いているイメージをしてみましょう。もしくは光の球体でもいいので、自分のおなかの中にその光があるイメージをしてみます。

⑮「こんにちは」と挨拶をして、子宮がどのように見えるのか、観察してみます。（温かい光だったり、臓器そのものだったり、小さな女の子だったり……自分の心の状態で見えてくるものが違います）

⑯ 感情がゆっくりと浮かび上がってきたら、「ありがとう」と言って、もし悲しませていたら「ごめんね」と、幼少期の自分だと思って、優しく語りかけてあげてください。そしてそのまま否定もせず、判断もせず、受け入れてあげてください。

⑰ 心が落ち着いてきたら、そのまま眠ってしまってもＯＫ。起きる場合は、ゆっくりと手足を動かしてからだの感覚が戻ってきてから、起き上がってください。

3週目 ［ムーンセラピー］ 自分とつながる編

⑬ 腹式呼吸で息を吐ききります

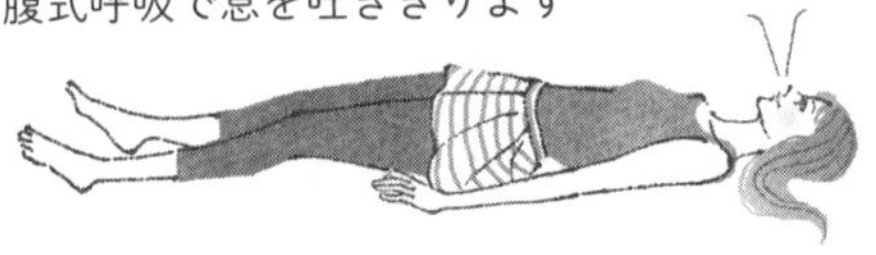

⑭ 両手の指先を恥骨の上部に乗せ、目をつぶりながら、子宮のあたりにお月様が輝いているのをイメージします

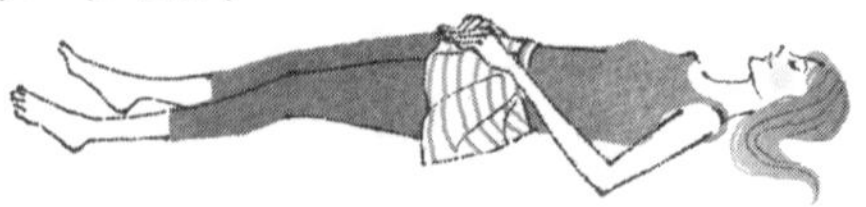

⑮「こんにちは」と挨拶して、子宮のあたりに意識を向けます。どんなものが見えてきても受け入れてあげてください

⑯〜⑰ 幼少期の自分だと思って、優しく「ありがとう」（もしくは、ごめんね）などと語りかけ、それを、ただ受け入れます。そのまま寝てしまっても OK です

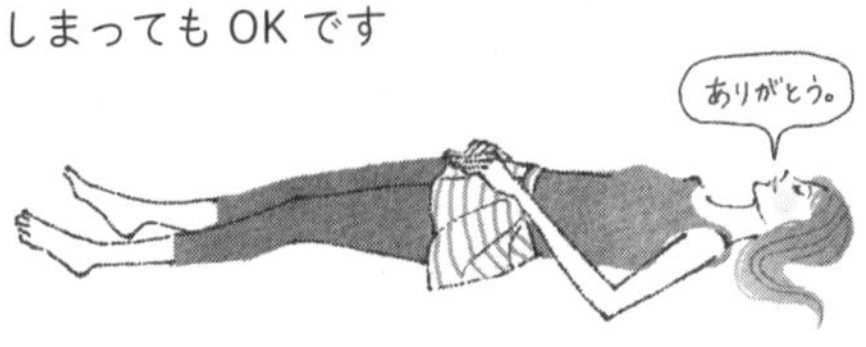

ムーンセラピーのコツ1

おこなうタイミング

寝る前がいちばん簡単に取り組めるかと思います。
メディテーション（瞑想）は座禅を組んだり、椅子に座ったりしておこないますが、これは横になりながら、深いリラクゼーションへ導いていくためにおこないます。なので、仮に寝てしまっても大丈夫です。

どれだけ忙しい人でも、**寝る前の数分間は、「自分自身のための時間」**として使えるはずです。たくさんの役割を担っている女性でも、このときだけは完全に自由です。

ムーンセラピーは、睡眠導入効果も高いのに気づくかもしれません。おなかの中にある多くの内臓たちは、基本的に副交感神経優位の際に活発になりますから、あなたが眠ってくれていると仕事がはかどるのです。結果的に、溜まった疲労や老廃物を流し、細胞を活性化させ、酸素を運び、血液がきれいになるので、自ずとお肌も整っていくわけです。

また脳がしっかり休めることでホルモンバランスもよくなっていきます。

ですから、眠くなったら、そのまま眠ってしまってもＯＫです。

ムーンセラピーをしていくと、とても穏やかに眠りに落ちる方が多いです。特に睡眠不足が続いている方や慢性的な睡眠不足の方、あとは緊張が日々強くてなかなか緩めてあげられていなかった方は、その傾向が強いようです。

まずは最初のステージとして、「眠ってしまうと効果がないのではないか？」と心配することなく、今必要なプロセスが起こっている、と信頼して寝てしまいましょう。ちゃんと眠りが満たされてくると、次のステージにいけますから、どうかご心配なく。しかもムーンセラピーをしての眠りはとても気持ちが良いはずです。睡眠の質が上がると、美肌効果だけでなく心もスッキリしてきます！　それだけでもいいことなので、まずは起こるすべてを許可して、自分のペースでやってみましょう。

ムーンセラピーのコツ2

丹田まで届く呼吸

子宮とつながるムーンセラピーのいちばんの鍵は、「呼吸」です。それも下丹田まで届く腹式呼吸が重要です。起きている状態だと難しく感じる方もいるかもしれませんが、寝ながらだと自然と腹式呼吸になりやすく、簡単にできるようになっていきます。

両手を下腹部に当てて、最初は手の力も使って、おなかを凹ませたり膨らませたりして、体感としてもわかりやすい呼吸ができるからです。しっかりと凹んでいるかどうか、膨らんでいるかどうか、を確認しながらおこなうのに慣れたら、今度は、凹み具合のレベルを変えていきます。

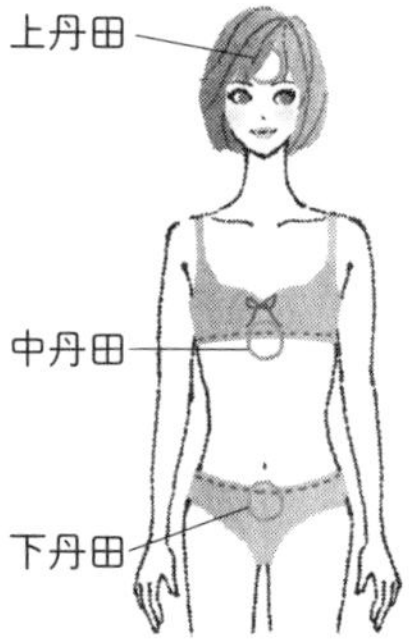

これはあくまでも深くつながるための事前準備、と考えてもらえるといいと思います。深い呼吸に慣れてくると、自然と子宮とつながれるようになってきます。そうすると、「ここにあるんだな」と子宮の存在を確かに感じるようになります。

胃腸を感じるのは、痛みとか空腹とか、便秘とか色々意識するチャンスがあるからですが、子宮の感覚は生理や妊娠以外ほとんどないと思いますので、臓器として存在していることを深くインプットするプロセスです。

本当はないのに想像するのとは違って、確かにそこに存在している臓器なので、あえて意識をする、認識する、ということから始めてください。

日常生活では無意識にしている呼吸ですが、改めて意識すると、特に鼻呼吸は難しいようです。でも、横になると自然と腹式呼吸になりやすいので、鼻呼吸が苦手な人でもおこないやすいでしょう。

鼻がつまりやすい方は、事前に鼻のつまりのケアをしておくのも一つの手です。

そして、キーポイントは「恥骨《ちこつ》」。恥骨の周りは老廃物が溜まりやすい場所でもあり、歪《ゆが》みも関係してきます。恥骨から優しくゆるめていくと、呼吸がとても楽になってくるのを感じるでしょう。自分でなかなか触れることがない恥骨ですが、そこを意識して呼吸してみてください。

呼吸はすべてを表しています。吐いて吐いて吐ききってしまえば、必要な量が自然と入ってきます。**急いで吸わなくても入ってくる、という経験をインプットしましょう。**「吸わなくてもちゃんと入ってくるから大丈夫」というのはメディテーションで意識する言葉でもあるのですが、これは自分の人生にも当てはまります。**自分に本当に必要なことは焦らなくてもちゃんと必要なときに必要な分だけやってくるものなのです。**

呼吸のレベルが高まれば高まるほど、自分に起こり来る出来事が必要なことばかりになっていきます。そして必要なタイミングで起こる経験がどんどん増えていくので、楽しくなってくると思います。ぜひ呼吸レベルを少しずつ上げて自分自身の新しい経験が入ってくるスペースを空けてあげるイメージでやってみましょう（肺で終わらず、おなかの上部で終わらず、下腹部まで酸素を届けるだけの呼吸力をレベルが上がった呼吸の状態としています）。

ムーンセラピーのコツ3

イメージの力を使う

ムーンセラピーの際に大きな役割となるのが、「イメージの力」です。体感として呼吸がしっかりできてきたら、今度はイメージの力を使って、子宮とつながります。イメージの練習をしていくと、子宮の存在が様々な形で見えることがあります。でも何にも見えなくても、感じなかったとしても大丈夫です。たとえイメージできなかったとしても、「そこにあるんだ」とただ思ってあげるだけで最初はＯＫ。そして違うことを考えたり、全然関係ないものが出てきたりしても、そのまま受け入れてあげてください。だんだん上手になっていきますから、気にせずそれぞれのプロセスを楽しんでください。

外から見えない子宮と確かにつながるにはイメージ力が重要です。

イメージはとてもクリエイティブで自由です。ここはなんの制限もなく、そしてどれだけ自由に想像してもいいからです。

ふだん脳で思考しているときには想像できないほどの世界が見えたりすることもあります。「子宮の記憶」や「子宮の感情」がイメージとして出てくることもあります。そこまで見えたら本当の意味での「創造的なイメージ」や「インスピレーションの世界」に到達したと言えるでしょう。ぜひその世界を堪能していただきたいと思います。

ムーンセラピーのコツ4

ビフォア&アフターを鏡で観察する

自分の顔の状態は、意外とわかっていないものです。そして変化してよくなっても、以前のことは思い出せません。私自身も、無意識にまるで以前の状態はなかったことにしてしまうところがあります。これは致し方ないのですが、できたら、せっかくの変化を確認することで、より自分のおこなっているプロセスの意義を実感できるので、しっかりと鏡で確認する、または写真をとったりして意識してみましょう。自分が綺麗になっていくプロセスを楽しむのは、とても豊かな時間になりますから。

毎日じゃなくてもいい。そしてホルモンバランスや精神状態で顔はどんどん変わっていくもの。だからこそ、自分のベターな状態を記録しておき、そしてさらに美しくなると同時に、元に戻る指針として、活用していきましょう。

ムーンセラピーをしてから8時間後、16時間後を意識する

からだの働きには、リズムがあります。一瞬で変化したほうがわかりやすくて良いのですが、そうもいかないのがからだです。食べ物を食べて排出するまでの時間は24時間から72時間と、だいたい決まっていますよね。それと同じで、子宮とつながってからだが変わり、お顔が変わっていくのには、ある程度、時差があります。

ムーンセラピー直後の変化と、ムーンセラピーが終わってから8時間後、16時間後、それ以降のステージというものが実は存在します。人によってタイムラグはまちまちではあるのですが、平均してそれくらいです。

サロンにきて、ムーンセラピーを受けて、すぐに実感する方もいますが、大体、翌日や翌々日、鏡を見て「あれ？」と変化に気づく方が多いのです。タイムラグを自分なりに把握して、必要なタイミングでサロンにいらっしゃる方もいます。ご自分でセルフケアとしてされる場合は、たとえば夜寝る前に行ったら、翌朝とその日の夕方にチェックする癖をつけておくと良いと思います。

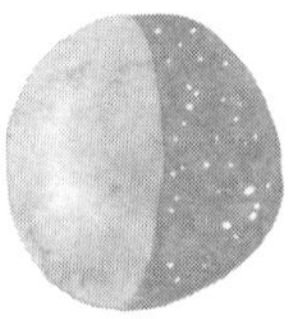

ムーンセラピーの効果

ムーンセラピーを行っていくうちに、顔やからだが変わっていくのが実感できると思います。あなたらしさを保ったまま最大限に美化される、というイメージでしょうか。「私ってこんなに美しかったのか！」と鏡を見るたびにうっとりするので、ますます自信がわいてきます。

老廃物のたまり場、フェイスラインが劇的に変わる

恥骨も老廃物がたまりやすい場所ですが、意識を向けて子宮をケアすると自然と恥骨まわりも整います。

恥骨から顔までは遠くに感じると思いますが、実は、恥骨から肋骨につながる筋肉があり、その肋骨から鎖骨につながる筋肉があります。そして、鎖骨から顔のアゴラ

インは特に影響をし合います。恥骨から優しくゆるめていくと、顔の筋肉が反応するのを感じられるようになりますから、意識して、顔をしっかりビフォア＆アフターと観察していきましょう。

恥骨は、実はとっても重要なファクターです。呼吸と顔の印象を司る、といってもいいほどです。でも「恥骨ってどこですか？」と聞くと、「多分ここ」というくらいにしかわからないかもしれません。この機会に恥骨の場所を知り、そして優しくほぐしてあげる術を身につけていきましょう。

感覚がつながってくると、顔の筋肉が動いてくるのがわかるようになってきます。それは、一番リラックスした状態に起こるものなので、なかなか実感するのは難しいかもしれませんが、逆にいえば、リラックスさせてあげられるポイントにもなるので、結果的に体も心もゆるめられるようになるのです。顔の変化は後からついてきますから、これも委ねる感覚でいられると、さらに良い状態になるでしょう。

頬骨の幅が狭くなり、小顔になる

小顔を感じるポイントは、どこだと思いますか？

じつは頬骨の横幅、です。「顔が小さくなりたい」と思うのは、どこか膨張感があるからなのではないでしょうか？

ムーンセラピーをしていくと、頬の幅が変わってきます。正確にいうと、顔の骨格全体が立体的になることで、頬の位置が高くなり、頬周りの老廃物も流れることによって、結果的に頬の幅が変わったように見えるのです。頬の幅が狭くなることで、小顔の印象となります。なので、ただ顔を小さくしたい、というよりも、立体的に整えて、無駄な老廃物を流してあげることが何よりも大切です。

細胞レベルで潤いと透明感のある肌へ

細胞が生まれ変わるために必要なのは、充分な酸素とお水とミネラルなどの栄養素ですが、ムーンセラピーをしていくと、下腹部までしっかりと酸素が行き渡り、細胞も目覚めていくのです。

緊張していると、胸部あたりまでしか呼吸がうまく運ばれないのですが、1日の終わりにしっかりとリセットしてあげると、細胞たちも深呼吸できます。それが結果的に、生命力溢れる透明感のあるお肌へとつながり、プルプルのお肌になっていきます。

「予防医学」という言葉がありますが、美容も「予防美容」が大事な時代です。病気になる前にケアするのと同様に、美容トラブルが起こる前に、起こりにくくしておくことは、これから長く続いていく人生においてとても大切です。

シミやシワができてから消そうとするよりも、できる前にケアしておくほうが、何千倍も簡単だし、お金も時間もかかりません。

年齢は関係ありません。そして遅すぎることもありません。これは大事だな、としっくりきた瞬間から始めましょう。日々のケアの積み重ねは、どんな高級な美容液やサプリメントよりも効果的です。

からだの内側から肌の再生力を高めてくれる

ムーンセラピーをしていくと、脳が休まり、深いリラックス効果があるため、副交感神経が優位になっていきます。結果的に、内臓の働きが活性化し、お肌のターンオーバーも促進され、どんどん新しいお肌へと生まれ変わっていくのです。基礎化粧品などで潤《うるお》いを補給することも大事ですが、内側からのサポートがあってこそ、その化粧品たちも本領発揮できるわけです。

また内臓がしっかり休むことで血流もよくなります。

血を作るために必要なことは、しっかりと内臓を休ませて、しっかりと働かせてあげることです。ずっと過労気味で働かせては、頑張りたくても頑張れません。

ムーンセラピーでしっかりと内臓を休ませてあげるプロセスを作ってあげます。深い呼吸で緊張した筋肉や神経がリリースされて、内臓たちもホッとできます。

からだがゆるむと血も全身にいきわたるようになりますので健康的なコンディションにつながっていくのです。ホルモンバランスもよくなりますよ。

一日のリセットができて活力が湧いてくる

どのような生活リズムであっても、どこかで一旦リセットする時間は必要です。ずっと頑張り続けてしまったら、それこそバランスが崩れて体調も壊れてしまいます。

現代社会では、24時間営業やインターネットの普及などで、時間が関係なくなってしまっています。一日の終わりに、ムーンセラピーのリセットタイムを習慣化することで、脳にも「これが始まったら休みモードなんだ」とお知らせする儀式にもなります。

そして、その結果、睡眠の質も高まり、寝ている間にしっかりと臓器たちが仕事できるので、朝には整った状態になっています。一日のリセット習慣が結果的に活力が湧くことにつながるわけです。

心もスッキリ感が出る

当然のことながら、からだがスッキリすると心もスッキリするものです。便秘が解消されるとからだだけではなく心も爽快感を感じますよね。それと同じです。特に、おなかの内部の状態がリラックスすると、メンタルにも大きく影響があります。逆におなかの緊張が続いていると、心はいつまで経ってもリラックスすることが難しくなるのです。

仮に明日、大事な面接があったとします。人生を左右するものかもしれません。そんな緊張というストレス状態のとき、胃が痛くなったり、下痢をしたり……おなかが落ち着かなくなりますよね。心が落ち着かないときは、下腹部ではなく、肋骨部や横隔膜のあたり（中丹田、Ｐ89参照）に力が入っているものです。ムーンセラピーで意識を下腹部に移動させ、中丹田をリラックスさせると、結果的に心がとても落ち着いてきます。

Column

自分の体とのダイアローグタイム

自分を元気に輝かせてくれるのは、いつだって内臓をメインとした身体の機能です。だからこそ、内臓にフォーカスしてあげると私たちの身体は変化していきます。

私は2000年に渡米し、「フォーカシング」というセラピーを知りました。これは、からだの臓器1つひとつに意識を向けて、ケアしていくセラピー方法です。

たまたま「フォーカシング」をしているセラピストの存在を知り、カリフォルニアにあるサロンに受けに行きました。このときまで、私自身も自分の臓器にフォーカスしたことは実はありませんでした。

でも実際に意識をして、話しかけるようになってみると、明らかに反応が違うのです。そして、今まで鈍感で無視してきていたことがどれだけからだに負担を強いていたのか、を痛感したのでした。

この向き合い方の世界を体感できたおかげで、今のムーンセラピーという施術にもつながったのだと思います。この本をきっかけに、皆さんも一度意識を向けてみる、という機会ができたと思って、体感して欲しいのです。それはこの先何十年と付き合っていく自分のからだとの素晴らしいリレーションシップの始まりになると思います！

第4章

子宮に優しく、自然とつながるセルフケア

——心もからだもスッキリお掃除する——

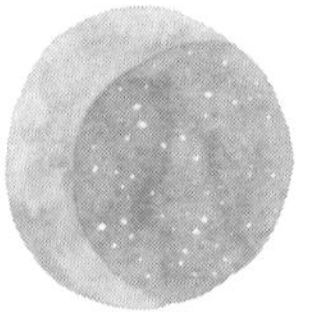

子宮とつながるソルトフリーダイエット

塩分は人間が生きていく上でとても重要な三大要素（水、酸素、塩）です。ですので、決して塩分が悪いよ、というダイエットではありません。

美味しいものを食べつつ計画的に子宮の負担を軽くしてあげて美しくなるのが、このソルトフリーダイエットです。

ソルトフリーダイエットは、生まれてきてからこれまで食べてきたものをリセットするダイエット。過去に偏って摂取してきたものを流してバランスをとっていくのです。

月に一度でも続けていくと、どんどん遠い過去からの「実は蓄積されていた毒素」が解放されていきます。つまり、不要なものが流れていってくれるのです。それは「月経」つまり生理のときのからだをクリーニングする負担を軽くしてくれることにもつながります。

子宮は毎月、私たちが食べてきたものや精神的なストレスなどを生理のときにきれいにしてくれています。からだのリセットをしてくれるのが「生理期間」です。月に一度のお掃除するものの量が減ったら、子宮としても助かるわけです。

現代の食事は子宮だけではなく、胃腸や他の内臓にも負担をかけていています。排出しきれているのかさえ、わかりません。精神的なストレスや不規則な生活リズムなどで自律神経が乱れると、内臓が活動しやすい「副交感神経」も働きづらくなり、さらに排出するのにパワーが要ります。一緒に事前に細々とお掃除をしていく意思を示してあげましょう。そこにソルトフリーダイエットはとても効果的です。

私がソルトフリーダイエットと初めて出会ったのは、２００８年でした。しかも運命なのか、私の地元にその講座があったので、一度体験してみようと参加したのがキッカケです。

基本は野菜と果物のみの食事ですが、「とにかく大量に摂取する」。ダイエットといえば食べることを我慢するのに、その真逆を提唱していたため、半分疑い気味。目的は減量ではありませんが、1日で2キロ、3日で3キロ減りました。

4泊5日のうち出来る限りの期間で良いというやり方でしたので、3日で私はソルトフリーをいったんストップしました。

面白いのは、自分のからだが蓄積してきた毒素（過去の塩分）に合った食材だと、不思議と大量に摂取できる、美味しく感じて食べられるのです。

たとえば私の場合、過去に動物性の食事（特に肉食）をしてきたわけですが、お肉の毒素を消すと言われる「りんご」がとっても美味しく感じられて、りんごジュースならガブガブ飲める、といったことが起きたわけです。

参加者の男性の方でなぜかりんごジュースの炭酸割りがめちゃくちゃ美味しい、とひたすら飲んで、5日間で7キロ痩せた方もいました（記録を争うものではありませんが）。

どの食材が自分に合っていて美味しいと思うのか、を見つけられたら、とてもシンプルな方法でクリーニングができます。

期間も個人でおこなう場合は最長48時間を推奨していますので、週末などに気軽にできます。月に一度などリセットデーを24～48時間、どこかでとればいいわけです。

1：水分の準備

一番重要なのが、水分。お水・お湯・炭酸水（無糖）などご自分のからだが欲する状態を知るために、様々な形で用意できると良いです。

お水以外には基本は、

- **りんごジュース（お肉系毒素を中和）**
- **みかん（オレンジ）ジュース（お魚系毒素を中和）**

の2種類があると自分の体質を知るのにも役立ちます。

自分がどれだけたくさん飲めるかがポイント。1種類だけでも構いません。理想はストレート果汁100%。なければ濃縮還元ジュース。100%以外は対象外です。

2：食材の準備

基本は、野菜と果物のみ。自分がどれだけたくさん食べられるか、という基準で決めてください。調理方法よりも、どれだけ食べられるか、がポイントとなります。

サツマイモを蒸してひたすら食べる、でも、トマトを生でたくさん食べる、でももちろんＯＫ。とにかくこれならたくさん食べられる、というものを用意してください。

３：環境の準備

この２日間はできるだけ、外食や外出を避けましょう。外食にソルトフリー食品はまずありませんし、外に出かければ誘惑もたくさんあります。どうしても外に出なければならない場合は、バナナや水筒など食べ物や飲み物は準備して持ち歩きます。

４：食材のポイント

商品の裏側の内容成分表を確認しましょう

・塩分が入っていないかを確認します

例 食塩相当量、と表示されているものが０・１ｇでもあればＮＧ。また、ナトリウム塩には、食塩（塩化ナトリウム）の他、「グルタミン酸ナトリウム」「グアニル酸ナトリウム」「リン酸三ナトリウム」などがあります。これらもＮＧです。

・食品添加物が入っていないものがベター

・ドライフルーツは水分量が少ないためおすすめしません（塩分がなければ、摂取は可能）

・スパイス・オイル・薬味関連は使用可能

例 生姜・ニンニク・唐辛子・胡椒・ローリエ・純粋なカレー粉（混ざり物なし）・ターメリック・オリーブオイル・アマニオイル・ココナッツオイル（良質なオイルを使用しましょう）など使用可能

5：期間や注意点

開始時間・終了時間について

基本的に、最後に食べ終わった時間の1時間後からカウントします。

例 夕食を20時に食べ終わった場合、21時からカウントをスタート。など

・24〜48時間を基本とします。不調が出た場合は、すぐにやめる（塩分を入れる）。

ソルトフリーダイエット中のケア

・食事はしっかりと随時摂取しながら、合間にストレッチや散歩などの軽めの運動を。

お風呂も長湯でなければ大丈夫です（血流をよくするため）

- 眠くなったら、寝てしまいましょう（水分はたっぷりとってから）
- おなかがすかなかったり喉が渇かなくても、定期的に多めに摂取（不調回避のため）
- 「美味しい！」と感じたものを見つけたら、ひたすらそれだけを食べたり飲んだりしましょう（個人個人に合ったデトックスの食材、というものがあるため）
- 心穏やかに過ごせる環境にいましょう（外出やテレビはお勧めしません）

ソルトフリーダイエット終了後のケア

- 味覚が研ぎ澄まされるので、塩分は控えめのものから摂取しましょう
- 塩分が入ると、すぐこれまでの感覚に戻りますが、自分の体に合っていたものを引き続き摂取するのがおすすめです
- 固形物・ご飯なども食べて大丈夫です
- 引き続き、水分を多めにとっていただくと、身体の感覚が違和感なく戻ります

子宮に優しいバスタイムのセルフセラピー

実は足首や手首も、生殖器関連とつながっていることはあまり知られていません。よく「冷え性」または「末端冷え性」の方がいますが、たいてい婦人科系のトラブルをお持ちの場合が多いのです。「冷え」と「卵巣の働き」は密接に関わっています。足が冷えていると、おなかも実は冷えています。

足首が硬くなっていると、骨盤部の関節に影響が出て、内部の卵巣にとても影響を与えます。逆に言えば、しっかりと足首をケアしてあげると、子宮や卵巣だけでなく、骨盤内部の臓器たちも喜びます。

私の過去の経験ですが、生理直前に、足首が痛くなることがありました。捻《ひね》ったわけでもないし、ぶつけたわけでもないのに、変だな？　と。足首をクルクル回したり、温めたりしてケアしましたが、その直後に生理がくる、という経験を何度かしたことがあります。生理が始まる前に、子宮や卵巣が動き出すときに、動きにくくなっているとそういったサインがくるのだな、とわかるようになりました。

その当時はニューヨークにいて、冬でも寒くてもヒールの靴を履き、ファッション重視でからだの負担を気にせずに生活をしていました。若さももちろんあるとは思いますが、今思うと本当に申し訳なかったな、と思います。

色々なことがわかるようになってからは、スニーカーを履いたり、ヒールを履くときとそうでないときを使い分けてシューズを持ち歩いて、足に負担かけない方法を身に付けました。

また自宅でも生理4日前くらいから48度の湯で足湯をしたり、変だな？　と感じたら温めるようにしています（45度以上あれば大丈夫なのですが、慣れてくると48度でもいけるようになり、そちらのほうが気持ち良くなってきます）。

お風呂で温めるのも効果的ですが、一部分を集中して温めることに意味がありますので、お風呂の前、または朝起きたときにできると、なおいいでしょう。

フットバスセラピー（足湯）のやり方

45度ぐらいの熱めのお湯に、くるぶしが隠れるくらいまで足を入れます。

５分ぐらい温めます。

終えてみて足の皮膚が赤くなるかどうかチェックします。ならない場合は、お湯の温度が低いです。お湯の温度が下がらないように、熱湯を足しながらおこなうのがオススメです。

そして、左右の足の赤みに差があれば、赤くならなかった方をさらに１～２分温めるとバランスが調整できます。

エルボーバスセラピー（ひじ湯）もオススメ

手先からひじまでが入る桶《おけ》のようなものに45度ぐらいの熱めのお湯を入れます。

５分程つかれたら大丈夫。肘は、子宮だけでなく、呼吸器や脳にもつながりやすいので、緊張が続いて疲れていた呼吸を和らげたり、何度も同じような思考を続けてしまうようなときにも効果的です。脳が休まると結果的に子宮も休まります。

手首・足首を回すくるくるセラピー

こちらはプラスアルファケアです。

日常的に手首・足首を回すことをおすすめします。朝起きたときに手首や足首をクルクルしたり、足首を手で持って、ぐるぐると気持ちの良い速度で回すのもグッド。

手首や足首が柔らかいと、生殖器の働きを円滑にしてくれます。更年期症状が出ている方、生理になると辛い方、不妊で悩んでいる人にもおすすめの方法です。手足を毎日回すようにしただけで、生理痛がなくなったという人も結構いらっしゃいます。

足湯

45度くらいの熱めのお湯に、くるぶしくらいまで足を入れて温めます。

5分くらい。

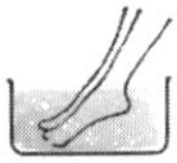

ひじ湯

45度くらいの熱めのお湯に、ひじから下を入れて温めます。5分くらい。

くるくるセラピー

朝の起き抜けなどに、手足、足首を回します。更年期の方や生理痛などの方にもおすすめです。

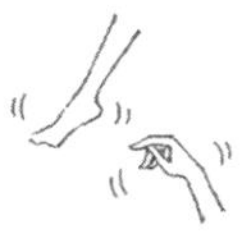

いまさら聞きにくいデリケートゾーンケア

からだの中で、私たちが通常スキンケアするのは、大抵お顔周辺がメインになりますが、実は、「経皮吸収率」を考慮すると、デリケートゾーンケアも重要になってきます。私たちの美肌を維持するためのホルモン、エストロゲンなどを生み出すのは実は卵巣などの生殖器でもあります。デリケートゾーンへの負担をかけないように、より良い環境を整えてあげることも、子宮や卵巣にとってはとても大事なことになります。結果的に美肌効果、ツヤ感、健康的な印象へつなげてくれるのです。

一説によると、腕の内側の皮膚の吸収率を1とした場合、おでこは6倍、下あごは13倍で、膣まわりは42倍なのだそうです。この数値からもわかるように、お顔以上にデリケートなのが膣まわり。

つまり生理のときに使うナプキンやタンポンがいかに重要か、というわけです。便利なゆえに選択は難しいところですが、今では、布ナプキンやお肌に優しいものも出回っています。ナプキンを変えただけで、生理痛が軽くなった、冷えがなくなった、心地よく過ごせるようになった、などという声も聞いています。

私自身も、布ナプキンや、高分子吸収剤不使用のナプキンなどを状況によって使い分けています。最近ではシリコン製の月経カップなどもありますので、膣内部に入れるのに負担がない方はおすすめかと思います（水泳選手や取り換える時間があまり取れない方など）。また生理中の使い心地も全然変わり、皮膚にふれるものが肌に負担のないものに変わると温かく感じられて、ホッとできます。

知らないうちに冷えていたのか、ということを実感したのです。それぞれの生活スタイルがありますので、自分に向いたものを見つけ様々なものを使い分けていくと、より快適な生理期間になると思います。結果的に婦人科系トラブル回避にもなりますので、この機会にぜひ振り返ってみていただけたらと思います。

そして、入浴時の洗い方も実は重要です。

膣まわりはボディウォッシュや顔用のものよりもより優しいものを使ってあげてほしいです。私自身は、自社ブランドの製品が、顔だけでなくデリケートゾーンエリアにも安心して使える成分のものなので、ウォッシュや保湿に愛用しています。もし市販のもので洗われている場合は、専用のウォッシュなどに変えてみましょう。ポイントは、デリケートゾーンのｐＨ数値が３・８〜４・５と言われていますので、弱酸性のものでできるだけ自然の成分で作られたものがオススメです。

洗い方は、まぶたよりも薄い皮膚だということを忘れずに、丁寧に感謝を込めて洗ってあげましょう。

また乾燥しやすいエリアなので、専用のジェルなどを塗布してあげると良いでしょう。大切に扱っている、という行為そのものが、自分自身の女性としての自信につながっていきます。

信頼関係はいつだって、１日１日の積み重ねですから、子宮との関係性を毎日のセルフケアで見つめ直してみてはいかがでしょうか？

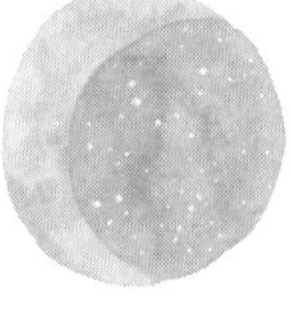

生理4日前からの集中ケア

通常28日前後で生理がやってきますが、そのサイクルは月のリズムとリンクしています。太陰暦で生活をしていた私たち日本人は、いつからか太陽暦のカレンダーに変わり、社会の在り方が変動し、からだのリズムも乱れてくるようになりました。

そんな中で、生理がいつくるかわからない、または生理がこなければいいのに、と思う方は少なくないのではないかと思います。「不快である」ことや「イライラする」「痛みがある」などのトラブルが前提になっていないでしょうか。

「生理＝嫌なもの」という方程式が決まっていて、生理がありがたいもの、嬉しいもの、では決してないのが現状です。

ここで一度改めて立ち止まって、見直してみましょう。まるで「生理」が元々不快なもの、という前提は、本当に正しいのでしょうか？

「生理痛」とは、本来ないはずのものです。生理とは気持ちがいいものです。といっても大抵の人は信じてくれません。なぜなら経験をしたことがないのと同時に、周りにもそんな人はいないからです。

生理痛は、子宮を収縮して経血を排出するために出るプロスタグランジンという物質が増えすぎると発生します。原因として、ストレスや冷え、骨盤まわりの硬さなどが挙げられます。つまり、そもそも子宮としてはコンディションが元気でないときに異常な物質が増えて、痛みにつながっているのです。

そして生理痛には、「子宮筋腫」「子宮内膜症」「子宮腺筋症」などの病気が隠れている可能性もあります。生理時に出ているサインを無視してしまわないでください。そして、生理痛のない穏やかな生理へ戻していくためのケアを取り入れていってほしいと思います。

仮に生理痛があっても、そのような状態にしてしまったことを子宮に対して「ごめんね」という気持ちで受け止めてあげてください。子宮からしたら、辛い状態なのに、それでも排出をして、リセットしようとただ頑張ってくれているだけなのですから。

生理予定日の４日前を目安に集中してケアしてあげると、生理期間のコンディションが変わりやすくなります。もちろん常日頃からケアしてあげられるのが理想的ですが。

〈セルフケア〉

- フットバスセラピーを生理予定の４日程前からおこなう
- 足首をよく回す
- おなかを温める・お風呂にしっかり入浴して温める
- 股関節をよく回す
- スキンケアはできるだけシンプルで水分（化粧水など）を多めに。栄養や油分が多いとニキビなどができやすいことも……。

〈食事ケア〉

- 白い砂糖系のお菓子や食事を控える※
- アルコールを控える※
- 冷えない程度にお水をいつもより多めに摂取する

※白砂糖やアルコールは、極陰性で体を冷やすため。

〈メンタルケア〉

- ムーンセラピーでじっくり呼吸を吐ききるプロセスを眠る前におこなう
- いつもと違うことをしても、欲しても許してあげる（ゆるーく受け止める）
- 生理周期を理解し、今感じていることは60％くらいで受け止める（真剣に考えすぎなくてもいいと教えてあげる。生理がきてからまた考えればいいと言ってあげる）
- 一人になる時間を1日最低10分は確保する

「子宮を大事にする」と決める

改めて、皆さんは「子宮」を感じるのはどんなときですか？

生理痛があるとき、妊娠したかもしれないとき、またはＳＥＸをしているとき、など様々なシーンがあるかと思います。そのとき、「子宮」の存在を蔑ろにしてしまうと、まるで「自分自身」を蔑ろにしてしまったようなそんな状態に陥りがちです。自分ではそんなつもりはなくても、無意識レベルでそのようなことが起こっています。

ですから、ここで改めて「子宮を大事にする」と決めてみてください。心に変化が起きるのを感じてくるはずです。

たとえば生理痛でつらいとき、ただ「生理なんてなければいいのに」と思って終わるのではなく、ここで「痛くなるような状態にまでしてしまってごめんね」と子宮に謝ってみる。両手を当てて、冷えてしまっていた下腹部を温めてあげてみる。「子宮の中をクリーニングしてくれてありがとう」と言ってみる。「子宮」に意識を向けて、感謝をしてみるだけで、痛みがやわらいだり、心まで温かくなったりします。

そもそも「生理」とは、子宮内のクリーニングプロセス。それは、約28日前後の私たちの生活で食べてきたものや生活態度、溜めてきた感情などを流してくれているわけです。もちろん卵子が着床しやすくするためのベッド作りでもあるわけですが、結果的に私たちの心身のデトックスを毎月してくれているのが「生理」です。

本来であれば「痛み」というものはないのが「生理」です。つまり「痛み」が出てしまうほどのことを自分がしてきていた、ということ。「生理痛」を当たり前に思っている方には信じられないかもしれませんが、生理について知っていくと、生理痛がない状態が正常、という自分への近道になるのではないでしょうか。それは同時に、自分自身を大事にする、というプロセスにもなっていくので、自ずと「自己肯定感」も上がっていくと思います。

お風呂でできるポカポカ・メディテーション

寝る前のベッドの上でのメディテーションも素敵ですが、もう一つオススメなのが、お風呂の中でのメディテーションです。

お風呂では、血流の流れもいい状態なので、比較的呼吸や心も落ち着いていて、メディテーションに向いています。

1日の終わりに、からだや心のどこかでモヤモヤがあっても次の日に持ち込まずにスッキリと明日を迎えるために、このバスタイム子宮メディテーションを取り入れてみましょう。

子宮にたまりがちな様々なストレスを、じっくり流してあげるプロセスです。心にたまっていた様々な思いも、実は子宮にとってはとてもストレスですから、しっかりと労ってあげてください。

バスタイム子宮メディテーションは、ヘアやボディ、お顔などを綺麗にしてから、最後におこないます。からだもしっかり温まって、リラックスした状態から始めましょう。

慣れてきたら、照明を消して、キャンドルや洗面所などの灯りくらいの暗さでおこなうのもオススメです。アロマオイルなどのご自分のお好きな香りを使ってもいいでしょう。

大切なのは、ご自分が心地よいと思える空間の中で、リラックスしておこなうこと。週１回でも行えたら素敵です。ぜひやってみてください。

やり方

①湯船につかり、リラックスできる体勢で、頭や腰など、体重が一点に偏り過ぎないようにバランスの良いポジションを決めます。

②お風呂の栓を抜きます。

③だんだん減っていくお湯を感じながら、流れていくお湯がこれまで身体から子宮に溜まっていたものをすべて地下へ地下へ地球の中心まで流していくようなイメージをします。

※このとき、両手を子宮のあたりに当ててあげましょう。
ゆっくりと呼吸をするたびにおなかが凹んだり膨らんだりするのを意識しながら。

ご自分の好きなイメージで良いのでどんどんそこに流れていくのをイメージしてみましょう。

④地球の中心にまでお湯が流れていくそのラインを光のラインとして、子宮に実は溜まっていたもの、からだ中の違和感や不快感も、心の中の思いもすべて流れていくイメージをしてみます。

⑤お湯が抜けていく最後の最後まで続けます。
最後の最後には、息を吐ききることを一緒にすると、なお良いでしょう。

お湯が抜けていくと重力感が変化していくのがわかるはずです。

⑥からだがどんどん大地（お風呂の底辺）に引っ張られていくのが感じられると思います。お湯が抜けていくので、重力感が違ってくるはずです。

脱力した感覚を味わいましょう。

⑦大地とつながっている感覚を目を閉じて感じてみましょう。

⑧「すべて流れて、からだも心もスッキリしました！」と言ってあげましょう。

落ち着いたらバスタブから出ます。

⑨最後の最後に冷水をバスタブにかけて出ます。簡単にバスタブもクリーニングでき、一石二鳥どころか一石四鳥くらいは感じていただけるのではないでしょうか？からだも心も、そしてバスタブもスッキリさせて、軽やかにまた明日から進んでいけるのではないでしょうか。本当は向かいたかったところへ。

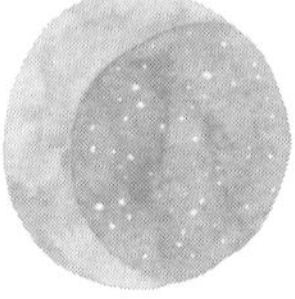

月のリズムとリンクするムーンメディテーション

月のリズムを自分の中にインストールする方法のひとつに、ムーンメディテーションがあります。

太陽暦でもほぼ毎月ある新月と満月。太陰暦であれば、新月は1日（朔日《さくじつ》）を示し、満月は15日となります。その間に7日ごとに上限の月（半月）と下弦の月（反対側の半月）があります。常に生まれ変わっていくように、ゼロになる瞬間と満ちる瞬間があることは、私たちに、「なんどでも、生まれ変わることができる」と教えてくれるように思います。

毎月クリーニングをしてリセットしてくれる月経のプロセスと、真っ暗なお月様のゼロの状態へしていくプロセスは、まさに同じ働きをしてくれているように思います。

そんな月のリズムに合わせて行う「ムーンメディテーション」。

主に「新月・満月」のタイミングでおこなうことで、物事の移り変わりがより自分に合った流れでいきやすくなったり、心のリセットにとても効果的なのでオススメです。

私は、新月と満月の日の夜に、オンラインで誘導ムーンメディテーションを開催しています。

ほんの30分、自分のためだけの時間を確保してもらい、みんなでじっくりリセットしていきます（オンラインでも複数の人数でおこなうとさらに効果的なのです）。

こういうイベントを活用するのもよし、自分一人でもよし、ご自分に合った方法で取り入れていただけたらと思います。とっても有意義な時間になると思いますよ。

新月メディテーション – New Moon Meditation –

物事のスタート・リセットに向いているタイミングです。月ごとに、星座のテーマなども変わっていくので、極めていけば色々とありますが、あまり難しく考える必要はありません。ちゃんと「今」を感じて、「目の前に起こっていること」を信頼していたら、ちゃんと導かれていくからです。

空っぽになった自分を体感する時間にしていただきたいと思います。まさにゼロの自分。明日から少しずつ満ちていくお月様と同じように、これから自分にとって必要なことやワクワクする出来事が入ってくるスペースを作る時間なのだととらえてもらえたらと思います。

満月メディテーション – Full Moon Meditation –

物事が満ちるタイミングです。ひとつの節目として、ここまで頑張った自分をほめたたえてあげてください。新月からの14日間、自分が向き合ってきたこと、取り入れてきたこと、受け入れてきたこと、頑張ってきたことなどを、改めて振り返り、そして最後には手放してあげる時間にしてほしいと思います。

満月の次の日から、どんどん流していくようなイメージです。ダイエットにも向く時期ともいわれるので、排出したいことをここから始めてみてもいいでしょう。

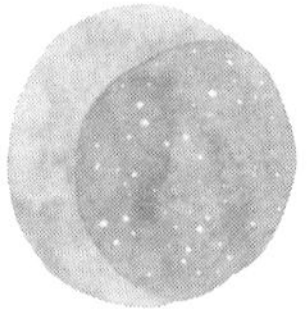

ムーンメディテーションのやり方

① 新月・満月の当日または前日の夜、寝る前におこないます（タイミングは、ご自分の感覚を優先してください）。その時々に感じるものがあるはずですので、ご自身のテーマと感じるものに合わせて意識を向けてみましょう。

② 仰向けになって、横たわります。手のひらを下腹部の上に乗せます。

③ 月の位置を意識して、目をつぶります。
満月は光り輝くのでわかりやすいですが新月は見えません。ですが確かにそこに「在る」のだと信頼してください。またお天気が悪くても、その雲の上にちゃんと存在しているということを感じていてください。

④呼吸に意識を向けます。
鼻呼吸がオススメです。鼻の入口を出入りする空気にフォーカスします。

⑤4秒吸って、4秒息を止めて、4秒吐いて、4秒息を止める呼吸を5回繰り返します。

⑥通常のコントロールしない呼吸に戻します。そのまま、下腹部へ意識を向けます。

⑦空からお月様がやってきて、頭のてっぺんに届き、そのまま自分のからだの中心を通って、下腹部までくるイメージをします。
お月様は、光り輝いていても真っ暗でもかまいません。正解はありません。

⑧お月様がどんどん大きくなり、やがて自分自身を包み込むほどの大きさになっていくイメージをします。

⑨そのお月様の光の中で「安心していいのだ」と自分に教えてあげます。お月様の中にいる自分は守られていて、自分が愛するものだけが存在している空間なのだとイメージします。

⑩しばらくその感覚を楽しみながら自由に感じていましょう。湧いてくる感情や気になることがあれば、全部お月様に委ねて、受け入れてもらいましょう。

⑪お好きなだけ堪能したら、お月様がまた自分の下腹部サイズに戻っていき、また自分の中心を通って、頭のてっぺんから空に戻っていくイメージをします。

⑫全部流して、受け入れてもらえたと信頼しましょう。そして、手足をゆっくり動かして、ゆっくりと目を開けます。

風の種類を感じてみる

ニューヨークのサブウェイこと地下鉄は、今でこそ日本のように時刻表があり、ホームには、何分に到着するか、が表示されていますが、２０００年代には、まだそういったものもなく、一体いつくるのかわからないのが普通でした。

日本人としては、ありえないようなお話ですが、この適当な感じが私は正直好きでした。電車がくるときは、遠くから電車がこちらに向かってくるわけなので、風が変わります。ホームから向かってくる電車を「まだかな、まだかな？」と覗き込むわけですが（危ないですね、今思うと）電車の光を探す人もいれば、電車に乗ってくる風を感じる人もいるわけです。

私は風で察知するタイプで、これまで全く動いていなかった風が、急に勢いが出てくる瞬間がくると、「あ、くるな！」とわかるのでした。風には本当に「動き」の数だけ種類があると思うのです。自然の中で、それぞれの場所に生息する木々の種類によっても違うだろうし、自分の立つ場所の高さによっても風の強さは違います。その風は、どこから吹いてきているのか、とか、時間帯とか、もしかしたら自分の気持ちの状態でも違うと感じるものなのかもしれません。

そういう変化や違いを、日々感じ取る。

そこに意識を向けてみると、自然と心は自分の五感を研ぎ澄ますトレーニングにもなると同時に、自分自身の心を大事にしていることにもつながります。そしてムーンセラピーを続けていると、自ずとその感性が高まっていくのにも気づくはずです。

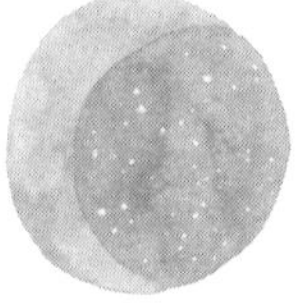

季節の香りを感じてみる

日本には、春夏秋冬という4つのシーズンがあり、温暖化などで気候が変動しつつも四季を感じることのできるこの国は本当に素敵だと思います。季節が変わっていく瞬間瞬間を、皆さんはどんなタイミングで気づきますか？

私は、「香り」です。私たちがどれだけ多忙で過ごそうと、自然と離れてしまっていようと、地球はちゃんと回っていて、自然界はちゃんとあるべきときにあるべき姿で時を刻んでいきます。

「香り」とは、嗅覚を要するものですが、触感を刺激するものでもあると思います。気温によって、肌で感じる香りがあると思うのです。ムーンセラピーをしていくと、その肌感覚がどんどん研ぎ澄まされていきます。

風が運んでくれるそれぞれの季節に芽吹く植物たちの香りや、気温の変化による香りの違い、毎日違う日照時間や天候で変化していきながら、「あ、変わった」という瞬間があります。もう春なんだなぁ、と嬉しくなるような瞬間です。

たとえば、ずっと寒かった冬の季節から、春に向かうころ、気温がどこかしら暖まってきていて、ふんわりと優しいお花の香りが、お肌に触れます。香りもですが、肌の感覚も、どこか優しく包まれるような感覚になるのです。ずっと猛暑が続いていた夏の終わりに、ふと秋に入ったのだ、と感じる瞬間があります。それはどこか遠くから運ばれてきたようなほんのり涼しい引き締まった肌感覚で、心までキュンとして「秋がきた」と実感するのです。これは都内にいても感じられます。

それぞれの環境でそれぞれの条件の中で生まれる「香り」をぜひキャッチしていきながら、その瞬間瞬間を豊かに過ごしてもらえたら嬉しいです。

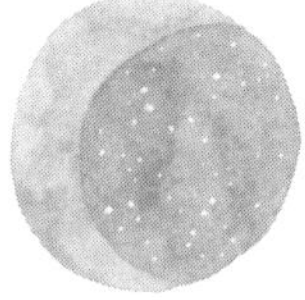

キャンドルの火を見つめる

私たちの生活に、「火」を感じることがとても少なくなりました。料理もＩＨなどでオール電化。暖房もエアコンや電気ストーブ、庭で焚き火をすることもできなくなりました。キャンプや一人で焚き火などが流行るのは、本能が求めているのでしょう。

炎は、ずっと見つめていても飽きさせることなく、瞬時表情を変えて、その瞬間を表現します。その環境と空気の湿度や気温、そして人間の思いまでも描写するかのような繊細さがあって、「今」を感じるための瞬間をどこまでも見せてくれます。

ですから、ぜひキャンドルの炎を見つめる時間を持ってみてください。小さな炎の持つ美しい生命を、姿形だけでなく、温度も、自分の中から生まれてくる感情も、全部を感じてみます。慣れてきたら、キャンドルを見つめた後、ムーンセラピーをしていくと、さらに深みを感じられるようになってくるとも思います。

第5章

自分を最優先にする、心のセルフケア

――魂の品格につながる小さな習慣――

DoingよりもBeing

本章では子宮を大切にする、「こころの習慣」についてお伝えしていきます。

子宮とつながる習慣がつくと、次第に子宮に我慢させない、つまりあなたが我慢しないようになっていきます。自分を大切にしてくれない人とそもそも関われないような力が働いたり、その代わり、大切にされているあなたにふさわしい人間関係や豊かさがやってくるようになります。

子宮とつながればつながるほど自分に正直になっていく、という感覚が生まれてくると思います。

逆に正直であれる状態は、しっかりと子宮とつながっている証拠ともいえます。

では、正直さってなんでしょうか？

ウソをつかないことでしょうか？

自分が感じたことをありのまま受け入れる力、でしょうか？

真っ直ぐに自分の気持ちを誰かに伝えることでしょうか？

定義はそれぞれだと思いますが、子宮とつながったことでの正直さ、とは「ジャッジしないこと」なのではないかと思うのです。

判断をしないで、そのままを見る心を持つこと。良いとされることも、ダメだとされることも、時代や誰かの価値観によって、変わっていくこともあります。

ジャッジすることではなく、ただ受け入れる、ただ見つめる、ただ感じる心を忘れないでいること。そこに「違和感」が生じたら、それも認めてあげましょう。

何か行動をするDoingではなく、ありのままで在るBeingを大切にしていくこと。**「在り方」に目を向けると自由になれます。**生きづらさから解き放たれていることに気づくでしょう。幸福感、穏やかな感覚……ゆっくりそれぞれのペースで、そのプロセスを育んでいっていただけたら嬉しいです。

ニューヨークで知った
ナンバーレスな美しさ

本当に美しい人とは、どんな人でしょうか。

ニューヨークのサロンで、私はたくさんの「美」にこだわりを持つ女性たちのからだに触れてきました。

「本当の美しさ」とは何か、常に突きつけられるような毎日の中で私がたどり着いた結論は、「自分を大切にできている人」こそ美しい、ということです。

もちろん、持って生まれてきた外見的な美しさはあります。でも**たった一つしかない自分自身という入れ物を大事にできていない人は、物と同じで、どこか錆《さ》びてしまっていたり、輝きがないものです。**

私が出会ったセレブたちは、年齢を重ねていても「美しい人」だらけでした。そこには経済的な豊かさに起因したものもあるかもしれませんが、彼女たちの発する「言葉」を聞くと、ただ外見だけが恵まれて、経済的に豊かだから得たもの、ではないのだとわかります。年齢も飛び越えてしまうくらいの美しさが確かにあるのです。

文化の違いもありますが、アメリカでは年齢や性別を初対面で聞くような場面はあまりありません。性別で拒否することも認められていません。多種多様の国や文化の人たちが住む国だからこそなのでしょうが、それがメンタル的な若さと結びついているように私は思います。

そして、年齢などの……いえ、年齢だけではなく、誰かと比べての順位とか体重とか、単なる「数字」ではなく「在り方」をとても大事にしています。

同じ年齢でも、「在り方」で見た目年齢は全く変わります。年齢を重ねれば重ねるほど、それがハッキリ出てきます。お客様と会話をしているうちに、「美しい」方々は、年齢を始めとする数字（ナンバー）に囚われているようには全く見えず、その発する言葉も数字を理由にした言い方はしないということに気づきました。

いつでも物事をどうポジティブに捉えて、受け止めていくか、という在り方を見て、まさに「ナンバーレスな生き方」だ！　と感動したものです。私もどこかで、日本社会の「数字の呪い」に囚われていたんですね。

もちろん、年齢と共に衰えていくものはあります。そして、そこにつきまとう不調や病気もあります。不安も心配もないわけではありません。それでも、その上で、どう在るか、どういう言葉を発していくのかは、自分の選択です。

美しい世界を選ぶか、選ばないか、それだけが「ナンバーレスな生き方」を作っていける秘密なのではないでしょうか。

自己肯定感を高める「左目の黒い瞳に話しかける」方法

「自己肯定感」を高める簡単な方法があります。

鏡を見て、自分の「左目の黒目」に、自分が言ってほしい「元気になる言葉」、「自信になる言葉」を言うのです。左目を鏡で見て、左目に向かって、言葉を発します。ただ見るだけですが、左目の黒目を見て言うことが肝心です。

たとえば、「私は綺麗」「私はみんなに愛されている」「いつも自信満々に堂々としている」など自分がありたい姿ならなんでもＯＫ。

その言葉は、間脳の松《しょう》果《か》体《たい》にダイレクトに届くと言われていて、いつも邪魔してしまいがちな自分の心のブロックをスッと通り抜けてくれるのです。

普通に自分に言い聞かせてみても、どこか心の中で疑っているものです。本当かな、ウソっぽいな、とか、そんなわけない、とか。

これはそれまでの環境やかけられてきた言葉にも原因はありますが、自分で勝手に作り上げてしまった心のブロックでもあります。

そのブロックを突き抜けるための方法がこれです。間脳に直接アプローチできるなら、これを使わない手はありません。

ご自分で感じた変化はちゃんとノートに書き綴《つづ》っておきましょう。私たちは悪いことやネガティブなことは思い出すくせに、よくなったことは、まるで前から当たり前にあったように思いがちです。自分の変化をきちんと確認して実感できたら、これから先も「自分はもっと素敵になる」ことを信頼できるでしょう。

いつでもできる簡単な自己肯定感を高める方法、騙《だま》されたと思ってやってみてください！　おすすめです。

自分を大事にするファースト・ステップ

あなたに好きな人ができたとき、最初にすることはなんですか？　まず相手のことを知りたいと思うのではないでしょうか？　誕生日や好きな食べ物や趣味……その人のことならなんでも知りたくなりますよね。

それと同じで、自分のことを愛する最初のステップは、まずは自分が「自分自身」のことを知ってあげること、から始めるといいと思います。

自分のことは意外とよくわかっていないものです。自分が生まれてきたときのこと、自分が好きだったもの、自分の名前の意味、自分が心ときめくこと、自分の好きな色……。改めて、「自分のことを知る」プロセスにちゃんと向き合ってみませんか？

大人になればなるほど、誰かのための生活を優先し、こういうものだという常識や、自分が受け身であることに慣れてしまいがち。それでは誰の人生なのだかわかりませんし、楽しくありません。**頑張る必要はありませんが、自分のことを愛してあげる人生でいたいとは思うのです。**

自分自身と向き合うと、今まで見て見ぬ振りしてきたことが出てくるかもしれませんが、自分なりのペースでよいので心配しなくても大丈夫です。

10歳前後の頃に好きだったことを思い出す

自分が10歳前後の頃に好きだったこと、夢中になっていたこと、を思い出してみましょう。いちばん無垢で真っ直ぐな心で向き合っていたものは、今になっても輝いている宝物かもしれませんし、今につながるヒントになります。

色々なことが思い出されてきたら、今度は、本当は自分がして欲しかったこと、を自分自身がしてあげるプロセスです。

この「自分がして欲しかったこと」を見つける（または認める）には、「素直な心」がないとなかなか見えにくいかもしれません。でも、大丈夫です。

簡単に見つける方法があります。誰か「うらやましい」と思った人をイメージします。嫉妬まではいかなくても「うらやましい」と思うことは日々誰でもありますよね。なぜ「うらやましい」と思ったのか、を深く見つめていくと、「自分が体験したいこと」や「自分がそう扱われたいこと」が多いのです。

たとえば、あなたが本当はハグされたい、誰かとくっついていたい、という思いがあるとして、あなたのお友達が旦那様に幸せそうにハグされていたり、いつもそばにいる姿を見たら、うらやましい、と思いませんか？

誰かにハグされたいけれどハグされる状況じゃないことを悲しむのではなく、まずは自分自身をハグしてみます。

単に両手で自分を抱きしめても幸福感は感じられない可能性が高いので、まずは目を閉じて、深く呼吸を繰り返してから、大事な人をイメージします。

イメージができて温かさのようなものが感じられてきたら、両手をおなか（子宮）に乗せて、ハグしているイメージをします。大事な人に包まれている感覚を感じられるようになってきたら、両手をクロスしてご自分を抱きしめるイメージをしながら手の温度を感じてみます。

ハグされたかったのは、この温かさを感じたかったからだったのだ、と気づくかもしれません。誰でもいいからハグして欲しいわけじゃなくて、自分はちゃんと愛の温かさを感じたかったのだと。ただ安心したかった、ほっとしたかったのかもしれません。

ハグされている姿を見ても、自由に放置していて欲しいという人なら、その光景を面倒とかウザいと思うかもしれません。人それぞれ「して欲しいこと」「扱われたいこと」は違うのです。

どんな答えであれ、ご自分がして欲しかったことをしてあげると、自分の正直な感情が溢れてきます。「子宮」に手を当ててあげると不思議と正直な感情が出やすくなります。就寝前でも、入浴時でもいいので、ほんの1分だけ、子宮に手を当てて、「ただ感じてみる」時間、「自分自身がして欲しかったこと」に気づく時間を作ってほしいと思います。

穏やかさを体感すると、見える世界が変化する

子宮とのコミュニケーションができてくると、次のステージに入ります。これまで感じたことがないような、または懐かしいような「穏やかな感覚」というものを経験し始めます。自分も子宮も周りの人間も環境も、すべてつながっているかのような感覚です。一度でもこの穏やかさを体験したら、自分の中に「軸」ができたサインかもしれません。

自分軸を見つけると戻ってくればいい場所、というものがわかります。

誰かに振り回されても、自分自身が嫌になるような出来事があっても、「ここに帰ってくればいい」という場所があるとないとでは雲泥の差です。一時的に不安になっても、どこかドーンとした安心感が自分の中に残っています。

この「自分軸」でもある「穏やかな感覚」を信頼できるようになると、さらに安定

感が増して、お顔がどんどんぶれなくなってきます。

自分が本当にやりたいことができるようになり、自分に必要なことがやってくるようにもなるし、さらには、自分の喜びが想像以上のものになっていくのです。もっというならば、これまで見えていた世界は別世界だったということに気づくのかもしれません。

それくらい**見える世界が変化してきて、自分の中に生まれる確かな「自分軸」と一緒に、自分らしい幸福感を体験していくプロセスに入っていきます。**それはもちろん美しいエネルギーとなり、立体的で崩れにくい生命力あふれる顔になっていく大切なプロセスです。

自分についたウソを流してあげましょう

私たちは意外と自分にウソをついています。他人に対してではなく、自分自身に対して、という意味ですが、「ウソはウソ」です。これは責めているわけではなく、事実としてまず「認める」ことからやっていきたいのです。

特に、大切な人と一緒にいるときに、私たちは自分にウソをつきがちです。その「大切な人」を優先したい、大事にしたいが故に、自分を偽る、ということが起こるからです。

正直に伝えたからと言って、嫌われるわけではないのですが、「できればいい人でいたい」、そう思うのが人間です。好きな相手ならなおさらです。本当は嫌だと思っていることでさえ正当化してしまうことも。物事がスムーズにいくことのほうが重要と判断したり、少しだけ今だけ自分が我慢すればいいや、と思ってしまうのです。つまり**少しくらい犠牲になってもいいや、という行動や言動をしてしまう**わけです。

自分はそこまでこだわらない大らかな人間だと思っているかもしれませんが、気づかないうちに感情を閉じこめてしまっていることがあります。もしかしたら感覚がマヒして感情の出し方がわからなくなっているのかもしれません。自分の中の小さな違和感に気づいてほしいと思います。ほんの小さな、たった一つのウソは、どこか「違和感」として残るからです。その違和感は、実は自分では気づいているのに見ないようにしているのかもしれません。「特に問題はない」と。そして、からだの奥底、子宮に感情が溜まっていってしまうのです。

溜め込みすぎた子宮は感覚がマヒしたり、怒りとなったり、悲しみとなり引きこもってしまったりします。誰に対しても自分の言いたいことが言えなくなったり、自分がそんなこと言うなんておこがましい、とさえ思ってしまうこともあります。

ある日、突然愛する人から裏切られたような出来事が起こったとします。そのときあなたはこう思います。

「私がこんなに我慢してあげたのに」と。でも相手はそんなこと頼んでいたわけでもなく、我慢していたとも知らなかったわけです。そのとき「子宮」に溜まっていたたくさんの感情が、塊となって、爆発します。感情が爆発するだけならまだいいのですが、もっとひどい状態になると、今度は身体に「病気」として現れることもあります。

なぜこのようなことになってしまったのでしょうか？

病気になろうと思ってなったわけでもないし、怒りを爆発させたいわけでもありません。でもそれは残念ながら「相手のせい」ではなく、悲しいけれど自分の選択の積み重ねの結果なのです。人生は選択の連続です。**「今ある世界は自分が選んできたもの」なのです。**

もし小さな「違和感」や「ウソをついている感覚」がまだ感じられていて、それに対して大ごとになる前に自分を解放させてあげたいと少しでも願う気持ちがあるのならば、まだ間に合います。

自分のウソを流してあげるところから、始めてみましょう。

ウソは「子宮」とつながることで少しずつ浮上してきます。涙が出たり、悲しくなったり、怒りが出たら受け止めてあげましょう。少しずつでいいので、諦めないで受け止めて、認めてあげましょう。本当はあなた自身がとっても大事なんだよ、ということを伝えてあげるために。あなたはとても大切で尊重される人なんだよ、と教えてあげてください。そして抱きしめてあげましょう。

このプロセスがある程度進んでいくと、だんだん人間関係での自分の言動に変化が訪れます。いつも何気なく「合わせていた」感覚から、一瞬立ち止まり、「私はこうしたい」という感情が湧いてくるようになります。

誰かに合わせて生きているようで、自分はなんて不自由なんだ、と感じているのかもしれないし、またまた相反して、自分勝手に生きてきたけれど、もっと人のために生きるべきなのではないか？　と反省するかもしれません。

どちらも、根本的には、「自分の選択」だということは同じです。誰かに言われたことを聞いて合わせようと選んだのも自分、自分のやりたいままにやっていくことを選んだのも自分、です。

何を選択していくのかで、人生は変わってきます。もっと厳密に言えば、物事の選択、ではなくて、「心を向ける先」の選択です。

たとえば、パートナー選びにしても、「この人と一緒にいていいのかどうか」と悩まれる方も多いのですが、相手が誰であれ、実はそんなに大きく変わりません。相手がどうとかよりも自分の心がどこを向いているか、で変わってきます。

だからどんな選択をしたとしても、自分の心が「幸せだと感じる」方向なら、それはすべて正解、なのではないかと私は思うのです。社会のルールとか学歴や名誉、周りの反応や評価を大切にする人もいるでしょう。でもこれも、社会とか評価を選んでいる自分がいます。すべて自分で選んでいるのです。

選ぶのは、人でも物でも、場所でも進路でもありません。自分の本来「在りたい」世界を選ぶのです。そうすると、その在りたい世界に合った出来事がやってきます。まるで息を吐いたら、自然に入ってくる新鮮な空気のように。是非試してみてくださいね。

パートナーとの関係性がお肌に現れる

愛する人と一緒にいるのに、なぜか肌荒れがするときは要注意。お肌とはとてもわかりやすい生き物、と考えていただくと良いかと思います。内臓の状態、気候の状態、心の状態が全部丸わかりになってしまいます。

食べ物や美容ケアである程度はケアできるものの、心の部分はなかなかコントロールできません。

よく恋をすると綺麗になる、と言いますが、それは楽しいときのお話です。恋をして、つらいときや疑心暗鬼になってしまうようなとき、落ち込んでしまうとき、もしくは本当は嫌だけれどやめられない状態のとき、など、お肌のハリだけでなく、潤いも低下してしまいがちです。

残念ながら本人が見てもあまり気づけませんが、親しい他人から見るとよくわかります。これは心の状態がホルモンに直結し、美肌ホルモンである「エストロゲン」や幸福ホルモン「セロトニン」や「オキシトシン」がうまく分泌されていないから。悩んでいると呼吸も浅くなったり、睡眠の質も低下、そして食べ物もあまり美味しく感じないなどで食べられなくなったり、逆に過食でハイカロリーになってしまうことも。感情を我慢しすぎていると、「出したい」という感情がニキビになったり、結果的に血液が汚れてしまって、お肌がくすんだりしてしまうわけです。

つまり全部つながっています。パートナーシップの状態に女性は特に影響を受けるもの。特に不安定な思春期や、ホルモンがまだ安定していないときはなおさらです。パートナーとの関係性の見直し、そして自分のお肌との対峙をする良いきっかけ、とも言えます。

何を優先するのか。

パートナーと一緒にいるためにブスになるのか、それとも自分を美しく輝せたいのか。その選択もまた、恋愛中は迷いがちですが、その奥底に隠れているのは「恐れ」です。

人によっては、ひとりになるのが嫌なだけかもしれないし、断ることができないのかもしれないし、または寂しがりやなだけかもしれません。心の奥底にあるものを見つめられたら、多分もう大丈夫。まずは自分自身をちゃんと見つめてあげることをしてあげると、恐れも、肌荒れも、落ち着いてきます。

そこから見えてくるものを待ってみる、というのも一つの方法です。焦らなくていい、そして「選んでも選ばなくてもいい」自由が自分にはあるのだ、と教えてあげましょう。

褒め称えるセンスを磨くことは、自分を磨くこと

私がアメリカで素敵だなと思った文化の一つは、彼らの「褒め称えるセンス」です。言語の違いによるものは大きいですが、これは日本でも浸透すればいいのにな、と思うほど素敵なセンス。しかも、実際にその文化の中に入ってみると、意外と簡単にはできません。観察力と語彙力、そして何よりも心の美しさが大事になってきます。

そのことの重大さを知ったのは、まだアメリカでの学生の頃でした。

当時お付き合いのあったヘアドレッサーの友人の家に1週間だけホームステイをさせてもらったときのことです。その方のお家は、自身でプロデュースしたというお部屋で、隅々まで素敵なこだわりとインテリア。本当に素敵なのですが、初日に色々なところを褒めたまでは良かったのです。

次の日もその次の日も、この照明の調光が素晴らしい、とかテーブルの脚のセンスが素敵だ、とかここから見える景観が素晴らしいとか、細かいところまでどこまでも、そして何度でも言葉を求められました。さすがに「そんなに毎日褒めてられないよ」と私自身は辟易したものですが、実はこれがスタンダードなのかも？　と後で気づくことになるのです。

そもそも日本では同じことを「何度も言う」こと自体、あまりないのではないでしょうか。何度も聞いたり、言ったりすることは、失礼になるのではないかと。「話を聞いていない」とか「それもう聞いたし」など、あまり評価されないように思うのです。

ですが、多種多様の文化の世界では、違うことが当たり前、そしてわからないことをベースにコミュニケーションがされていくので、何度も言うし、何度も聞くし、それに疑問はなく、同じことを質問したり言ったりは、当たり前だったりします。

私たち日本人はそこにストレスを感じがちですが、慣れると意外と楽だったりもします。わからなければ聞けばいいし、何度も言ってもいい、というのは実はありがたいように私は思い始めたのです。つまり、すべてにおいて完璧から始めなくていいのは、私たちを自由にするようにも感じたのです。

そこで面倒に思いながらも、毎日毎日、細かいところまで同じことも含めて、素敵なお部屋を褒め続けました。当時は正直ストレスでしたが、この感覚に慣れておいて良かったな、と後にアメリカのサロンに入って気づくのです。

この感覚がわからないと、お客様とのコミュニケーションで、正直全く響かせられません。一度言ったからと終わっていたら、感動も半減です。しかもお客様の方が上手です。

サロンという現場にいて思うのは、お客様たちの褒め称える力の凄さです。こちらの語彙力が足りていないのもありますが、どこまでも褒め称え、そして誰かが褒め称えると、周りも一緒になって競うかのように褒め称えてくれます。

どこまでも盛り上がるこの雰囲気は、「愛しかない世界」になっていて、褒められる本人もその周りの人たちも幸せにしてくれる空気になっていきます。それを何度も経験してきて、なんて素敵なんだろう！　と思うのと同時に、もっと褒め称えられる人になりたい、と思うばかりでした。

その当時の素敵なお部屋を共に体験させてくれた方は、お部屋のことをこのように言っていました。

「この部屋は、自分自身そのものなんだ」と。

そうか、なるほど、と私は思いました。

「部屋自体がポートフォリオでもあるんだよ」

とも言っていました。つまり自分の作品なのです。だから隅々までこだわるし、愛情を持って作ったり選んだりしていて、そして見て欲しいし、気付いて欲しいわけです。それって、お部屋だけでなくても、私たちの仕事でも一緒だな、と思うのです。

お客様がフェイシャルやトリートメントで変化していく、その一つひとつに気付いて、素敵だと褒めることは、その人そのものを見つめることでもあります。そしてどこまでも**褒め称えることは、その方の心の隅々までも美しくすることにつながる上に、褒め称える側さえも美しい気持ちにしてくれる**ということに、私は改めて気付いたのです。相手を褒めるということは、自分自身をも美しい心にしてくれるのです。

これは体験してみるとわかるので、ぜひ皆様にも日々周りの人やお仕事でも実践してみてもらえたらと思います。

ただし、ウソはつかないこと。その人をちゃんと観察して、本当の心でお伝えする、それだけは守ってくださいね。そのときに感じる心の変化をぜひ味わってみてもらえたらと思います。

美しい人は、美しい言葉を他人のために使う

前項の続きですが、アメリカのサロンではとにかく「褒め合う」のです。しかもそれは、どんどん伝染して、褒め合う大会なんじゃないか？　くらいに相手のことを褒め称えます。

日本でも、もちろん綺麗な人に対して、「綺麗ですね」と言うことはありますが、全体的な量としては格段に違いがあるのです。言葉の文化の違いもあると思いますが、とにかくこれは良いこととしかないし、言葉から生まれるエネルギーを本当によくわかっていてそうしているとしか思えないほど、素晴らしいエネルギーとなっていきます。

自分流の統計学として、もう一つ気づいたのが、「美しい人ほど他人を褒め称える」ということです。自分が綺麗だから充分足りていて、だから余裕があるのだ、と

かいう次元の話ではなく、**美しい人は、美しい世界にいて、そこには美しい言葉しか存在していないのではないか？　と思うほどなのです。**

そしてそれを他人のためにどんどん惜しみなく使います。相手も美しい言葉しか思いつけなくなるほどに、美しい世界になっていくのです。

しかもそれがとても自然で、御膳立てしているようにも感じないため、本当に自分は美しいのだ、と確信できそうなくらい、自信になっていきます。美しい気持ちになるから、美しくなっていきます。そして美しい言葉を発しているその美しい方は、さらに美しく見えてきます。

なので、改めてこう意識しなおしたいです。

褒められるのを待っていたり、自分のことばかり褒めるよりも、他人を美しいと褒め称える方が、自分自身も周りの人も同時にどんどん美しくなっていく、という事実があるのだ、ということ。そしてそれは心からの言葉ではなくてはなりません。そうでないと伝わらないからです。

私は美しいお客様ばかりを相手にしていて、褒められすぎてこちらが困るほどの気持ちになりましたが、これは美しい人はみんなそうなんだ！　と思うほどでした。もちろん私もお客様へ素直な気持ちをお伝えするわけなのですが、その美しい言葉のボキャブラリーの量が負けていて、いつも褒められ負けしてしまいます。もっとこっちが言いたいのに！　と思うのですが……言われて嬉しいどころか、さらに相手を褒めたい気持ちになると言う、なんとも素晴らしい世界。美女がどのように美女になっていくのか、それは、環境も言葉も、美の超一流なのでした。

美しく変化する人の共通点、「委ねる」感覚

「美しく変化」される方には、共通の性質があります。それは、相手（サロンでなら施術者）を完全に信用して、からだも心も委ねてくださる方。もちろん初めて会う方とそれをするのは難しいこともありますが、大抵見た目も心も美しい方、というのは、その土台ができていたりします。

本能でわかっているのかもしれません。どうしたら最大限の結果を得ることができて、しかも自分だけでなく相手やその共有している時間や空間そのものが美しくなるのか、を。

これはスピリチュアル的に言えば波動レベルが高いとも言えますが、相性も含め、信頼に足る相手なのかを一瞬で見極められるのです。

では、その「委ねる力」がまだない方は、美しさを得られないのでしょうか？

答えはＮＯです。この「委ねる力」は実は育てていくことができます。

すべての人に備わっている力でもあるので、それを思い出すプロセスを一緒に行っていけばいいだけなのです。だからこそ、技術力・包容力・空間の心地よさというのは、万全でないとなりません。その上で、一人ひとり違う相手のニーズと、本当に望んでいるものを見極めつつ、まずは、外見から満たしていく、ということが重要だと私は思っています。

たとえば、サロンでフェイシャルを受けたとして、フェイスラインが綺麗にスッキリして、小顔になり、リフトアップしたら、誰でも自信が出てきて、嬉しくなりますよね。そして、セラピストを信頼します。

行くたびによい結果を出してもらえたら、実力派のセラピストだという深い安心感が育まれます。そうすると、今度は内面の悩みや普段は気付くことがなかった心にフォーカスできるようになっていきます。そこで初めて、心身ともに力が抜けて「すべてを委ねても大丈夫」という感覚にたどり着くのです。

この委ねる感覚は、美しさを創りだすだけではなく、内臓の働きや、リンパや血流の流れをよくし、健康にもつながります。さらには、深い睡眠にもつながって、自宅でも深く眠る感覚を覚えて帰っていただけるようになります。結果的に良い循環となり、そういう方はどんどん美しくなっていくのです。

そんな方をたくさん見てきて、本当に必要なことは、その「委ねる力」なんだな、と思うのです。そしてそれは、一人ではなし得ない、共同作業でもあり、本当の意味でシェアをしあえる美しい時間になるのです。

外見の見た目という入り口から、心の浄化までつながっていく、私にとってもかけがえのない時間になっているのです。そして終わった後に見せてくださる姿は、無垢で少女のような柔らかな笑顔。この少女のような笑顔の姿はお客様が何歳であっても見ることができます。

そしてその笑顔を見られたとき、私は本当に幸せな気持ちになるのです。そのために仕事をしているのだな、と思うくらいの幸福感。そんな時間をお客様とシェアできる幸せは、本当に何事にも代えがたいものです。

自分に言ってあげたい「完璧じゃなくていい」

私のアメリカのサロンでのニックネームは「ミス・パーフェクト」でした。
この言葉にどれだけの意味合いが含まれていたか、は今となっては正直なところ分かりませんが、「仕事を評価されていた」という意味では、嬉しく思っています。ただ、正直に言えば、「完璧」から始まるのは、常にプレッシャーです。

プロの仕事としては、完璧でありたい気持ちはありますが、人それぞれ、いろんなステージの中で、完璧は不可能だということも、私は受け入れていたいと思うのです。ストイックにやることも時として必要ですが、すべてにおいてその意識でやっていると、あるとき突然自分の中の糸が切れてしまいます。それでもやるのが日本人的なのかもしれませんが、私は良い意味で、その糸を切ってもらえる経験をしたのでした。

その糸を切ったキッカケは、「英語」でのコミュニケーションです。日本人なのだから、第二言語であり、そもそも英語は苦手。ですが、ある程度は勉強してきた身です。ちゃんと間違わずに話せないのは恥ずかしい、という気持ちがあったのです。

ネイティブにはなれなくても、せめて正確な言葉を話していたい、と思ってしまうので、脳の中は、このような思考が出てきます。

「この言葉で間違っていないかな？」と確認作業をしてから、「大丈夫そうかも」と思ってから話す、というもどかしいプロセスです。

でも、常にディベートをするような環境でしたので、すぐに言葉を発しないことで、「意見がない人」という扱われ方をすることに気づきました。特に自己主張の強い国ですから、それだけでなんだか馬鹿にされたように感じたのです。それがとても悔しい、でも間違えたくない……ジレンマでした。

ある日、中国人の同僚がめちゃくちゃな英語で、私に質問してきました。「なんで意見を言わないの？」と。その人は私よりもアメリカ生活は長いのですが、時制や単語がたまにめちゃくちゃなのです。

なのに、その人のすごいところは、アメリカ人に対しても、「英語わかる？」と聞くほど強気。国民性もあると思いますが、その姿には勇気をもらうほどです。


私は意を決して、正直にこう言いました。

「完璧じゃない英語を話すのが怖いし、間違えたくないの」と。そうしたらこんな返事が返ってきました。

「だから日本人は馬鹿なんだ」と。もちろんその方の語彙力の問題もありますが、ストレートにこの言葉を言われたときに、カッチーン!!　ときて、私は文法がめちゃくちゃになろうがなんだろうが、言い返したのです。喧嘩になりました。

でもそのときに、私の中の糸が切れたのです。私はもしかしてとても小さなことで悩んでいたんじゃないのか？　と。


ある意味、真っ直ぐなその中国人の方の言葉に感謝です。めちゃくちゃな英語を話していても彼女の方がコミュニケーションが優れている事実に勇気をもらい、私は、もう完璧じゃなくてもいい、と思えるようになったのでした。

特に言葉のコミュニケーションは、発してなんぼです。間違えてもいいから使っていくことで磨かれていきます。頭で考えてから、では遅い上に上達しません。その壁を破ってもらい、さらに、心の壁も乗り越えてさせてもらえたように思います。

勝手に自分の中で頑張っていただけだったこと、そしてそれをいくら自分の中で主張したところで、誰にも伝わらない世界だということ、まずはそこを受け入れてから始めよう、そう思いました。

「本当はこう思っているんだよね」とか「実はわかっているんだけど言えないだけなんだね」とか、そんな同情を求めていたのではないかとも思うのです。この国では、言葉を発して伝えることが特に重要で、テレパシー文化はもちろん通用しないし、誰かにわかってもらいたくても伝えない限り、永遠に気付いてもらえないのだと思うことにしたのです。

それからは、私自身も、頭ではなく感覚で言葉を発することができるようになりました。もちろん間違えることはありますが、伝えたいことをきちんと伝えることやコミュニケーションがちゃんとできることのほうが重要です。

完璧を求めすぎると自分を縛ってしまいます。完璧は美しいかもしれないけれど、完璧じゃなくても美しい。そんな世界があると知ることができました。

間違えてもいい、怒られてもいい、でもやってみよう。そういう心を育てることができたのではないかと思うのです。

まずはやってみる、その心は今も大事にしています。だんだん上手になればいい、それが長い人生の枠でみたら、とても素敵なカラーになっていると思うのです。そんなプロセスを楽しめる人間でありたいと常に思っています。

「完璧じゃなくてもいい」

それがどれだけ自分を自由にすることにつながるのか、どんなときも頑張ってしまう人こそ、自分に言ってほしいなと思います。そして、さらなる自由な自分を体験してもらえたら嬉しいです。

NICE《ナイス》な人間であることの大切さ

欧米と日本、どちらのサロンも経験して感じた、お客様のいちばんの違い。それは、セラピストへの接し方だと思います。

日本のお客様は、私どもをあくまで「サービスする人」とみなし、お客様扱いをされることを好みます。一方欧米ではどれほど著名な方でも、大富豪でも、こちらを対等な相手とみなす態度で接します。

たとえ年若い女性であろうと侮ることなくプロフェッショナルと認め、最初から質問や相談をされますし、こちらのアドバイスは真摯に聞いてくれます。その代わり、私が「どのような人間なのか」、言葉遣いや態度、信条といった在り方を厳しく見られます。

その在り方のひとつとして、アメリカ生活で学び今でも大切にしているのが「ＮＩＣＥでいること」です。

ナイス、と日本語で言うとなんとなく軽いイメージかもしれませんが、ニュアンスとしては、「誠実で在る」が近い気がします。つまり人間性の根本ともなる部分をとても大事に、そして厳しく見ている方が多い、とハイクラス層のお客様を接客してきて感じました。それも上っ面ではなく、いつも「ＮＩＣＥで在る」ことが重要なのです。

『ＮＩＣＥでいなさい』とサロンオーナーに教えられた当時、基本的にＮＩＣＥでいるつもりだった私は、何を言っているのか本当の意味ではわかっていませんでした。ですが、その見本となる姿を、日々サロンのオーナーや同僚のネイリストに見せてもらっていたように思います。

　お客様がみんな彼女らのことが大好きなのが、本当によくわかるのです。何年も積み重ねてきた信頼関係とは言え、それがブレていない証拠でもあります。人間なら誰だって時には体調がいまいちで不機嫌な日はあります。お客様の前だけ、とか誰かの前でだけ「素敵な人」「誠実な人」でいるのではなく、どんなときでもＮＩＣＥでい続けることは、なんと大変なことか。でも、意識をちゃんと向けているとだんだんできるようになってきて、そしてそれが当たり前になるのです。

具体的にどんなことをしているかと言うと、実はとてもシンプルです。

どの世界でもいちばん大切なのは、最初の挨拶、そして笑顔。穏やかな対応や相手の世界を理解しようとする心、相手の幸せを自分の幸せと感じられるような空気感。日本の「おもてなし」の心と通じるものがありますよね。それは決して、「お客様は神様」という上下の関係ではなく、お互いに尊重しあえる対等な関係性なのだと思います。

自分に誇りをちゃんと持ち、堂々と接客をしながら、相手の嬉しいと思うようなサービスをする。サロンにいる時間はほんの一時だけかもしれない。でも、ここの時間で生まれた嬉しい感情は、家庭や他の状況に伝染する。笑顔になる人が増えていく。自分自身がＮＩＣＥで在ることを心がけることで、どんどん広がっていく幸せ感があるのだ、と見えてきた頃、『You are very nice!』という言葉をよくいただけるようになりました。そのときはじめて、「ＮＩＣＥでいなさい」と言われた意味が、本当の意味でわかったように思うのです。

「違いがあって、当たり前」の世界へ

アメリカのサロンにきたばかりの頃、私は心の奥底で、日本のサービスは世界一だと信じていましたし、日本と日本人って素晴らしい、と思っていました。それは間違いではないのですが、私がいる場所は、私以外は皆アメリカ人、という事実の中で、少し勘違いをしていました。

そもそもアメリカという国は移民の国。そしてニューヨークはその代表となるようなエリアです。アメリカ人と言っても、様々なバックグラウンド、宗教、食事、文化、考え方が違う人たちが共生している場所な訳です。

もちろんその中に日本の文化も存在するわけですが、それははっきり言ってマイノリティ。そしてサロンという場所は、私が主張する場所では決してないのです。

誰もが自分にとっての正解を持っていて、私はそれに合わせることから始めるしかありませんでした。

そして残念ながら、私の正解はここでは正解じゃないのです。私の正解を貫きたいなら、ここに居る意味がない。もしくは、相手の正解を受け入れた後、初めて私の正解も、役に立つのかもしれません。

フェイシャルのやり方一つとっても、求めているプロセスや結果もそれぞれです。そして、おもてなしとするものも、また違います。黒子のように音を立てずにテレパシー感覚で動くことよりも、しっかりと言葉にしてわかりやすく大きな声で伝えることがいいこともあります。居心地の良さの基準も、控えめにしていて欲しい世界もあれば、はっきりと自己主張しながらアドバイスすることが求められる世界もあります。「こうすれば喜んでくれるだろう」ということが違う場合はしょっちゅうで、そこまで細かいことは必要なかったり、気を使いすぎても違うことは多々あります。

もちろん言語の違いの問題もあります。良かれと思って言ったことが違う、というのは、まだやってしまうことがあります。想像していくしかないのです。

だから、いったい何が正しくて、どうしたらよくて、何を軸にしていけばよいのかわからなくて不安で、空ばかりみていました。

できることは目の前のことを受け入れること。それができなきゃ、帰るだけです。ここで相談できる人はいません。自分で決めるだけです。

そのとき、自分の中で決めたことは、

【言われたこと、直すべきことは、遅くても次の日には、変える】

そして、

【二度、同じことは繰り返さない】

でした。

どれだけ悔しくても、なんだか恥ずかしくても、情けなくても、私は、変えました。それが、自分らしくなくても、やりました。

今では、考えられないくらい、ストイックな感じですけれど、自分の国でもなく、守られているわけでもなく、生きていく、という意味の怖さみたいなものから耐えることに、必死だったのかなと思います。

だから、自分よりも英語の文法がめちゃくちゃで話していた中国人スタッフに英語の間違いを指摘されたときも、それは私にとってプラスなんだ、と思って、素直に直したり、受け入れたりしました。

「誰に、言われるか」で態度を変えたくなかったからです。私にとってプラスなのか、経験として大事なことなのか、を基準にしていたかった。だから、不要なプライドみたいなものは、最初に捨てることにして、ある意味、自分の感情を無視することさえもしました。

感情を感じていたら、進めなかったからだと思います。そして、日本というブランドがあっても人から信頼を得るのに時間がかかるのは、どこでも同じです。

とにかく存在を知ってもらう、関わっていく、話していく、オーナーやスタッフからお客様に、信頼感を伝えてもらう。それをとにかく最初の3ヶ月続けていきました。

少しずつ、顧客も増えていき、受けてくださった人たちが、また近くにいる他のお客様に、「すごくよかった」と話してくれる。そうやって少しずつ、かなりスローではありますが顧客が増えていきました。

なかでも、これはアメリカ人らしいな、と思ったのは、ひとりが私のことを褒めると、競って、褒めてくる。すごくすごく、わかりやすくて、はっきりとしていて好きなところです。その代わり、一度の失敗も許されません。

私が顧客に持った方々は、ハイクラスの英語を話す、ヨーロピアン系のアメリカ人が多かったのですが、皆さま、60代でも70代でもカッコよく、仕事をされていたり、ハイクラスの生活をされていました。決してお金に困らず、選ぶこともできる方々から信頼を得るためには、結果を出すことは最低限、そして、私、という人間を見てもらえるかどうかでした。

わがままな方もいたり、気難しい方もいたり、とにかく、一筋縄ではいかない方ばかり……。いつもセッションの前日は、緊張していました。

始まってしまえば、私は、なぜか至福の時間になり、宇宙を感じるような、身を委ねる時間に変わるのでとても楽しいのですが、始まるまではどうしてもダメで、楽しくありません。

しかも、お客様方ははっきりと言ってくるので、心にグザグザくることもあったり、それが致命的ではないからよかったにしても、私のアメリカでのやり方の理解不足だったりその方々独自のこだわりだったりと、いつも内心は、泣きそうでした。

「正解がわからなすぎる！」と心の中で叫んでいました。


皆さま、とてもきれいなお肌をおもちなので、本当、こちらが気づくか気づかないか、くらいの汚れを取りに来たり、「言わないけれど気付いて」という気持ちがあったり、――しかも結果出してね、という暗黙の了解があったり――と神経が休まりません。それでも、このお客様がいてくださるなら、「私は、ここにいたい」そう思いながら、ずっとやってきました。


1年が過ぎた頃には、信頼関係もできて、そして、英語でのコミュニケーションも常にＮＩＣＥになっていて生活のリズムもでき、身体も元気になりました。

アメリカでの冷房を体験したことがある方にはわかると思いますが、極寒の冷房でも、寒い、と思わなくなったり、多少の日焼けにも、負けなくなったり、ご飯の食べる量が増えても、健康的になっただけで、太らず（それ以上に動いてるので）そして、初期の頃、感じていた「違い」さえも、愛せるようになっていました。

なぜ違うのかがわかるようになり、違いもいいな、と思えるようになり、それでも自分の大事にしているものはなくならないんだな、とわかることができました。

なにひとつ不満がなくなって、ビューティフルな環境で、素敵なお客様もいて、自分も受け入れられてきて、本当に幸せな映画のシーンのような生活をさせてもらいました。

けれど、ここまでやってきて見えてきたことは、私はこのままでいいのか、という疑問でした。

ずっと感情を優先してこなかった中で私は、自分の中で初めて「よくここまでやってきたなぁ」と、自分を許せるようになって、そして、「もう大丈夫」そう思えた瞬間、ニューヨークでの生活を手放すことを、決意したのでした。そして、その後、帰国して自分のサロンを東京で始めたのです。

これらの経験があったからこそ、都内で様々なお客様がきても動揺せずに、接客ができている自分が生まれていました。正直言えば辛いことも多かったのですが、多種多様の文化の世界で、生きていくたくましさを学ばせていただきました。

「違いがあって、当たり前」そして、「相手の世界を理解する」ことから始めることの大切さは、今でも大事にしています。

おわりに…過去のすべての出来事と出会いに感謝を込めて。

この世に「自分」のことを本当に好きじゃない人なんて、いるのだろうか、そう思います。

「自己肯定感」が高いとか低いとかそういった何かとの比較の話ではなく、そもそも自分が好きだから、悩んで比較して、落ち込んでいるのが本当の姿なのではないでしょうか。自分の持って生まれた顔や身体、性格や生活環境、それと派生する人間関係など、どれもすべてが「ギフト」なのだった、と思えたら、どんなに幸せなことでしょう。

あくまでも私の考えですが、それもこれもすべて「自分の心の見方」次第なのだ、と思うのです。

ですがこの世の中は、そう見せてくれるほど優しく感じられないし、誰かのせいとしか思えないような出来事ばかりです。それでも自分が「本当に見たいもの」はなんなのか、を探すのが人生なのではないかと、私は思っていたりします。

目に見えるものと、見えないものとのバランスが今とても問われているように思います。

物質的な豊かさは、私たちをわかりやすく笑顔にしてくれるし、からだの心地よさや穏やかさといった感覚的なものは、深い安心感を与えてくれます。二元性の世界の中で、どちらかしかないと思うと苦しいですが、両方存在している世界は、限りなく広がりを感じさせてくれます。この世界を体験するために、ここまで軽視されがちだった「見えないもの」との関わり方が重要になってきているのでしょう。

「見えるもの」と「見えないもの」をリンクさせるのに、本書でお伝えしてきた「からだとの対話」や「メディテーションを通じて心と向き合うこと」などは、いい入り口になると思うのです。

世界中の女性が抱える根本的な問題は、ただ一つ。「美しい自分を思い出したい」ということではないでしょうか。

生理や妊娠・出産・家事・社会的ポジション・子育て・女性としての在り方など、目まぐるしいほどの人生の変化の中で、自分自身を忘れずにいることは至難の業にも思います。だからこそ女性だけが持つ臓器「子宮」の存在はとても大きな役割を果たしていると思うと同時に、そこから発せられるメッセージに耳を傾けてあげたいのです。心の奥底に「本当は自分をもっと感じたい」という気持ちがある方が、少しでも、それを思い出すキッカケになったら嬉しく思います。

本書を出版するにあたり、青春出版社の手島編集長には、私の独特な世界観を理解し、社会に伝わるようにまとめていただき、本当に本当に感謝しかありません。ありがとうございます！　また、このご縁をつないでくださった芝蘭友先生にも感謝でいっぱいです。

また私に子宮のセラピーの思想を最初に教えてくださった山口博幸先生、20年前にＮＹで出会ってからずっと心の在り方を教え続けてくださった香咲弥須子様、日本のエステティックの将来性を感じる希望を与えてくださった今野華都子様、そして何よりも私の人生を支え、自由な感性と創造的な価値観を持てるように育ててくれた両親に心から感謝します。

多くの心ある素敵なお客様やこれまで様々な場所での出会い、出来事がすべて今の私を創ってくれています。本当にありがとうございます。そしてこれからまた出会う大切なギフトを心待ちにしながら、また私自身も自分と向き合いながら過ごしていきたいと思います。

世界中の女性が心から輝いていく社会となっていきますよう、願いを込めて。

2021年秋

CHIKA

著者紹介

CHIKA 株式会社アイテラス代表取締役。国際女性セルフケア協会代表理事。エグゼクティブ・ビューティ・ディレクター。米国一の歴史を誇るエステティックスクール Christine Valmy 卒業。NY 州認定エステティックライセンスを取得。2021年、世界一のエステティシャンと称される今野華都子氏より、株式会社アイテラスを継承。地球や子宮に優しい商品開発に力を注ぐ。
本書では、世界各国の女性の身体と向き合ってきた経験から編み出した独自の「ムーンセラピー」を自宅でできる心と体のセルフケア法として凝縮しました。

★公式サイト

★ Instagram

Moon《ムーン》 Therapy《セラピー》
自分《じぶん》を最優先《さいゆうせん》にする肌《はだ》と心《こころ》の整《ととの》え方《かた》

2021年10月30日　第１刷

著　　者　CHIKA《チカ》
発 行 者　小澤源太郎

責任編集　株式会社 プライム涌光
電話　編集部　03(3203)2850

発 行 所　株式会社 青春出版社
東京都新宿区若松町12番１号 〒162-0056
振替番号　00190-7-98602
電話　営業部　03(3207)1916

印刷　三松堂　　製本　大口製本

万一、落丁、乱丁がありました節は、お取りかえします。
ISBN978-4-413-23222-7 C0070